HANS KRONBERGER

BRÜSSEL FRONTAL

So geht's zu in der EU

Herzlichst

Ihr Hans

Kronberger

Wien, 5.10.2004

HANS KRONBERGER

BRÜSSEL FRONTAL

So geht's zu in der EU

URANUS

1. Auflage 2004

Design und Umschlaggestaltung: Christine Puchner
Illustrationen: Michael Köhler
Karikatur Seite 129: Herzlichen Dank an Prof. Gustav Peichl
Redaktionelle Leitung: Mag. Anne-Catherine Simon
Layout & Produktion: message Medien- & VerlagsGmbH | A-1150 Wien
DI (FH) Margit Dechat und Christian Müller
Lektorat & Korrektur: Mag. Helga Tost
Druck: Ferdinand Berger & Söhne Ges.m.b.H. | A-3580 Horn
Auslieferung Österreich: Mohr Morawa | A-1230 Wien
Auslieferung für Deutschland und Schweiz: Michaels Vertrieb | D-86971 Peiting

ISBN: 3-901626-39-5

www.uranus.at

INHALTSVERZEICHNIS

Warum noch ein Buch zur EU?

Ob wir wollen oder nicht: Die Europäische Union bestimmt unser Leben. Achtzig Prozent der Gesetze, die unseren Alltag regeln, werden in Brüssel und Straßburg beschlossen. Ob wir wollen oder nicht: Die Europäische Union ist eine Herausforderung, der wir uns zu stellen haben.

Man darf die EU nicht der EU überlassen. Die Union ist ein Moloch mit nunmehr 25 Mitgliedstaaten. Dennoch ist sie beeinflussbar, wenn man sie kennt und versteht. Ihr teilnahmslos und gleichgültig zu begegnen, wäre ein fataler Fehler. Wo die Gemeinschaft Gutes leistet, gilt es ihr zur Seite zu stehen, wo Unfug geschieht, muss beinhart eingegriffen werden. Wohlwollen und Widerstand für bzw. gegen „die EU" sind beide unverzichtbar.

Die folgenden Seiten sollen ein Stück Politiker-Leben in und mit der EU dokumentieren – Ausschnitte, (Alltags-)Porträts, Blicke hinter die Kulissen. Zu den Problemen, welche die Bürger mit der EU haben, gehört, dass sie weder die Entstehung noch den Sinn vieler Entscheidungen nachvollziehen können. Das Buch möchte auch das Bewusstsein stärken, dass wir trotz allem die Entwicklung mitgestalten können.

I.
EINLEITUNG

Der Bergbauernaufstand oder Wie ich zur EU kam

Im Jahr 1995, als ich noch ORF-Journalist war und nicht ahnte, welch grundlegende Wende mein Leben ein Jahr später nehmen sollte, hatte ich ein Erlebnis, das im Nachhinein als geradezu schicksalhaftes Vorzeichen für meine Begegnung mit der EU gesehen werden kann: Der erfolgreiche Gmundener Hersteller von Hackschnitzel- und Pelletsheizungen, Johann Gillesberger, hatte zu einer Podiumsdiskussion über die Zukunft biogener Heizsysteme geladen. Gegen Ende der Fragerunde zeigte ein ausgemergeltes Bäuerlein auf und meinte: „Ihr vom Fernsehen solltet euch um die EU kümmern, die müssen doch spinnen, da draußen in Brüssel!“ Grund seines Ärgers war der Umstand, dass die EU alle Bauern der Gmundener Ebene als Bergbauern eingestuft hatte – mit dementsprechenden Förderungen. Die wahren Bergbauern leben aber in der Gemeinde Flachberg, deren Wiesen so steil sind, dass man die Kühe fast mit dem Seil anbinden muss, damit sie nicht abstürzen. Doch genau diese Bauern wurden von der EU als Flachlandbauern eingestuft, und entsprechend mager fielen die Subventionen aus.

Gibt´s doch nicht, oder? – Gibt es doch, denn: Die EU-Bürokraten legten der Bewertung der bergbäuerlichen Förderwürdigkeit nicht den Standort der jeweiligen Bauernhöfe zugrunde, sondern die durchschnittliche Höhenlage der Gemeinde. So errechnet sich für die Gemeinde Gmunden mit dem Traunstein (Seehöhe 2.000 m) ein hoher Durchschnitt, obwohl die landwirtschaftliche Fläche eben ist. Die Gemeinde Flachberg besteht vorwiegend aus Steilhängen, liegt aber nur auf 800 m Seehöhe und gilt für die EU deshalb als Flachland.

Eine Rückfrage beim zuständigen Landwirtschaftsminister Wilhelm Molterer, der aus der Gmundener Gegend stammt, ergab, die Sache sei „gegessen“, die Brüsseler Bewertung unabänderlich.

Für unsere wöchentliche TV-Sendung „Konflikte" war der Fall natürlich ein journalistischer Leckerbissen. Wir drehten den kleinen Bauernaufstand, trieben die Kühe auf die steilste Wiese der Gemeinde Flachberg, und ganz Österreich empörte sich über den Unfug der EU, die den schwer schuftenden Bergbauern an die Existenz wolle.

Ein Markenzeichen unserer Sendung, die von der Fernsehlegende Walter Schiejok moderiert wurde, war es, die präsentierten Fälle bis zu ihrer Lösung weiterzuverfolgen – und das hieß oft, jahrelang dranzubleiben. Die Erstsendung des Falles blieb, abgesehen von massiven Zuschauerreaktionen, folgenlos. Journalistisch gesehen galt es also, den Druck auf die handelnden Personen zu erhöhen. Per Autobus zogen die aufständischen Flachberger Bauern nach Wien vor das Landwirtschaftsministerium. Die martialischen Bilder der zu allem entschlossenen Männer taten ihre Wirkung: Kurze Zeit später ließ Minister Molterer verlauten, es sei doch noch gelungen, in diesem Einzelfall eine für alle Beteiligten befriedigende Lösung herbeizuführen. Seither sind die Flachberger Bergbauern auch in der EU als solche anerkannt.

Zwei Dinge hatten wir als Journalisten daraus gelernt: Erstens, dass offensichtliche Ungerechtigkeiten, wenn sie von der mächtigen und undurchschaubaren EU kommen, von der Bevölkerung hoch emotional aufgenommen werden; und zweitens, dass massiver öffentlicher Druck auch in diesem Bereich Lösungen erzwingen kann.

Quereinstieg - Sag niemals nie!

Ich gestehe: Hätte mich am 29. August 1996 jemand gefragt, ob ich mir vorstellen könnte, in die Politik zu gehen, ich hätte im Brustton der Überzeugung mit „Nein“ geantwortet. Solange sich die Frage nicht ernsthaft stellt, ist die Antwort einfach. Am 30. August wurde ich gefragt – und sagte einen Tag später „Ja“.

Kurz die Vorgeschichte: In den heißen Augusttagen 1996 sickerten Absichten des Landes Oberösterreich über einen Teilverkauf der OKA (Oberösterreichische Kraftwerke AG) an die Atomkraftwerksbetreiber Bayernwerke durch. Innerhalb einer Woche sollte die so genannte „Hereinnahme eines strategischen Partners“ erfolgen. In einem Wiener Gasthaus traf sich eine Gruppe von Atomgegnern, um den Verkauf der Kraftwerke zu verhindern. Widerstand war angesagt. Auch die Politik sollte mit einbezogen werden – und zwar am besten in der Person Jörg Haiders. Zwar war der freiheitliche Parteichef für die grün orientierten Umweltorganisationen der „Beelzebub“ persönlich, aber wenn es um die Durchsetzung von schwer erreichbaren Zielen ging, war man seiner Hilfe nicht abgeneigt.
Irgendjemand aus der Runde sollte also dem Oppositionspolitiker den geplanten Deal stecken. Von seinem lautstarken Auftreten gegen eine Verscherbelung des heimischen (Energie-)Tafelsilbers an einen bayerischen Atom-Multi erwartete man sich einen Aktionsschub und vielleicht sogar die Verhinderung des sündigen Verkaufsangebotes. Nur – wer sollte ihm die Nachricht überbringen? Ich bot mich für diese Aufgabe an. Als Journalist verhielt ich mich parteipolitisch absolut abstinent. Jörg Haider war ich zunächst bei einigen Fernsehsendungen flüchtig begegnet, dann hatte ich ihn persönlich beim so genannten „Vierbergelauf“ kennen gelernt, einer weit über die Landesgrenzen hinaus bekannten Kärntner Wallfahrt. Mit der damaligen stellvertretenden FPÖ-Bundesparteiobfrau Susanne Riess-Passer hatte ich sporadisch zu tun gehabt.

Am Montag, dem 26. August, rief ich Susanne Riess-Passer an, mit der Bitte, Jörg Haider möge doch ein Machtwort in Richtung Oberösterreich sprechen. Am Mittwoch urgierte ich. Am

Donnerstag rief mich Riess-Passer zurück und erzählte mir, die FPÖ suche jemanden, der für Österreich die Zukunftsthemen Umwelt, Erneuerbare Energie, Transit und Schutz des heimischen Wassers in Brüssel vertrete. Als ich erklärte, spontan fiele mir da niemand ein, fiel sie mir ins Wort: „Wir haben an dich gedacht!“ Sie habe Haider mein Ansinnen, in Oberösterreich einzuschreiten, überbracht, woraufhin sich dieser mit der flachen Hand auf die Stirn geschlagen und gerufen habe: „Warum sind wir nicht schon früher darauf gekommen – der soll nicht immer uns sagen, was wir tun sollen, der soll es selber machen!“ – Ich war völlig überrumpelt. Der erste Gedanke: Ich bin leitender ORF-Redakteur, beziehe 15 Mal jährlich ein großartiges Gehalt, bin unkündbar und habe einen Pensionsanspruch von 80 Prozent des letzten Gehaltes; privilegierter geht's nicht. Der zweite Gedanke: Politik – das ist doch dieses hässliche Ding, über das man bestenfalls berichtet, das man kritisiert; aber doch nicht etwas, womit man sich selbst die Hände schmutzig macht! Und außerdem: Als Journalist, der in seinen Sendungen den Kleinen, Schwachen und Hilflosen zu ihrem Recht verhilft, ist man jedermanns Darling, gern gesehen und herzeigbar. In die Politik zu gehen, welch ein Abstieg – und noch dazu bei den Blauen. Igitt!

Und überhaupt: Warum sollte ich die sichere ORF-Festung am Wiener Küniglberg verlassen und in eine berufliche Ungewissheit aufbrechen, wo die Wahrscheinlichkeit, wie die meisten Quereinsteiger kläglich zu scheitern, viel größer war als die Chance, auch nur die kleinsten Lorbeeren zu ernten! Noch dazu weit weg, auf internationalem Parkett in Brüssel, und im Auftrag einer Partei, mit der mich (außer der guten Kommunikation mit einigen Spitzenfunktionären) genauso viel bzw. wenig verband wie mit den übrigen Parteien im Lande. Ein Abenteuer mit ungewissem Ausgang.

Es gab auch Argumente für den Ausstieg aus der privilegierten Situation. Susanne Riess-Passer nannte eines davon: „Du bist wie alle kritischen Journalisten ohnehin auf dem Weg zum weißen Elefanten.“ So nennt man im ORF gut bezahlte Mitarbeiter, für die man kein geeignetes Betätigungsfeld hat. Tatsächlich reduzierte das sozialdemokratische Führungsduo des ORF, Gerhard Zeiler und Andreas Rudas, systematisch alle kritischen und bürgernahen Sendungen zugunsten von fragwürdigen Imitationen deutscher und anderer Privatsender; eine Tendenz, die deren Nachfolger konsequent fortsetzte. Bereits damals zeichnete sich ab, dass der ORF seine besten Zeiten eher hinter als vor sich hatte.

Es war Donnerstag, 11 Uhr Vormittag. Blieben genau 23 Stunden Zeit. Bis Freitag, 10 Uhr benötigte Riess-Passer meine Entscheidung, denn am Montag sollten die Kandidaten für die EU-Wahl 1996 im Wiener Hotel Hilton „enthüllt" werden. Politisch fragte ich nur einen einzigen Vertrauten um Rat: den SPD-Bundestagsabgeordneten und späteren Träger des Alternativen Nobelpreises Hermann Scheer. Mit ihm verbindet mich bis heute der gemeinsame Kampf für die Abkehr von atomaren und fossilen hin zu Erneuerbaren Energieträgern. Auf die Frage, ob er meinen Wechsel vom Journalismus in die Politik für sinnvoll halte, war seine erste Reaktion: „Du musst das unbedingt machen, gerade in der EU brauchen wir dringend vernünftige Menschen!" Bemerkenswert auch sein zweiter Satz: „Moment mal, so intelligent sind die Sozialdemokraten in Österreich nicht, dass sie dich aufstellen; auf die Idee kann nur der Haider gekommen sein!"

Am Montag, dem 2. September 1996, um Punkt neun Uhr meldete ich mich bei meinen Vorgesetzten im ORF mit einem Urlaubsgesuch für den Tag der Präsentation. Bereits in den Zehn-Uhr-Nachrichten ging die Meldung über den Äther. Das Team, das Parteiobmann Jörg Haider schließlich präsentierte, wurde vom Nationalratsabgeordneten und Trainer der österreichischen Ski-Nationalmannschaft Dr. Franz Linser angeführt. Danach folgten der Erfolgsautor Mag. Peter Sichrovsky, die oberösterreichische Landtagsabgeordnete Daniela Raschhofer, ich, der langjährige Chef der österreichischen Fremdenverkehrswerbung Dr. Klaus Lukas und der Richter des Obersten Gerichtshofes Professor Dr. Gerhard Hager. Das Wahlergebnis: 27,53 Prozent der Stimmen für die Freiheitlichen – das beste Ergebnis, das die FPÖ österreichweit je erzielt hatte.

Die EU braucht Kontrolle

Die EU ist überall – vor allem auch dort, wo sie nicht hingehört. Zum Beispiel, wenn sie die Mitgliedstaaten zwingen will, gegen ihren Willen den Anbau genmanipulierter Lebensmittel zuzulassen; oder wenn sie uns mit den unsinnigsten Sprachverordnungen und Definitionen beglückt. So will eine EU-Richtlinie, dass Karotten als Obst gewertet werden, und niemand wird den Erdwurzlern beibringen können, dass sie in Zukunft auf Bäumen oder Sträuchern zu wachsen haben.

Solchen Unfug mag man noch lustig finden; bedrohlicher ist, dass die Europäische Gemeinschaft nach dem klassischen Demokratieverständnis, wonach Legislative, Exekutive und Judikative getrennt sein müssen, nicht als Demokratie gelten kann. Zwar präsentiert sie sich der Welt gerne als ein Synonym dafür und fordert auch von Beitrittswerbern, dass sie demokratisch sein müssen. Nach ihren eigenen Kriterien könnte sie selbst jedoch niemals in die EU aufgenommen werden.

Der frühere deutsche Bundeskanzler Willy Brandt hat gesagt: „Es gehört uns allen, dieses Europa." Derselbe hat auch gesagt: „Bei wirklich wichtigen Entscheidungen darf man auf keinen Fall das Volk befragen." Mit diesen zwei Sätzen ist das politische System der Union umrissen. Die EU ist ein Zwitterwesen aus Demokratie und Diktatur – eine „Demokratur".

Da ist zunächst die Europäische Kommission, die das alleinige Recht und den Auftrag hat, Gesetze vorzuschlagen und durchzuführen. Sie genießt Vorrechte wie keine andere Exekutive; zugleich beruhen ihre Strukturen auf dem Prinzip der verschleierten Verantwortung. Die rund 25.000 Beamten, welche die Weichen für den politischen Kurs stellen, müssen sich jederzeit vor den Lobbyisten, doch niemals vor den Bürgern rechtfertigen. Fehlentscheidungen bleiben ungeahndet, Korruption blüht; und kein Skandal der letzten Jahre hat diese Strukturen zum Wanken bringen können.
Der Rat, in dem die Regierungen vertreten sind, ist ein „schwarzes Loch der Demokratie". Jahrzehntelang wurde hinter dick

gepolsterten Türen über Gesetze beraten und entschieden; ein solches legislatives Organ, das völlig abgeschottet von den Blicken der Öffentlichkeit seine Beschlüsse fasst, kennt man sonst nur von Ländern wie Kuba oder Nordkorea. Die undurchsichtigen Entscheidungsverfahren erlauben es den nationalen Regierungen auch, in Brüssel ungehindert zu schalten und zu walten, ohne dafür vor ihren Wählern Rechenschaft ablegen zu müssen. Für alles Schlechte ist stets „Brüssel" verantwortlich, alles Gute heftet man sich auf die eigenen Fahnen. Fünfzig Jahre hat es gebraucht, um mit der neuen EU-Verfassung zumindest durchzusetzen, dass die Sitzungen des EU-Ministerrats öffentlich abgehalten werden.
Und das Parlament? Es ist das einzige demokratisch gewählte Organ der EU; es hat in zwanzig Jahren mehr Rechte angehäuft als nationale Parlamente in Jahrhunderten; mit der neuen EU-Verfassung soll es in den allermeisten Bereichen dem Rat gleichgestellt sein. Und dennoch gilt: Gerade in den zentralen Zukunftsfragen fungiert das Parlament immer noch allzu oft als „Nickaugust".

Die EU braucht Kontrolle – durch ein starkes Parlament und eine starke Öffentlichkeit. Auch den selbstherrlichsten Eurokraten ist bewusst, dass die Geduld der Bürger Grenzen hat. Diese Grenzen sind zum Beispiel dort erreicht, wo Steuergeld für den Tabakanbau bereitgestellt und zugleich in Nichtraucherkampagnen investiert wird; wo Kampfstiere von der EU bezuschusst werden oder Milliardensummen spurlos im Dunstkreis der EU-Behörden versickern.

Mit der Erweiterung um zehn Länder, deren Lebensstandard größtenteils wesentlich unter jenem der alten Mitgliedstaaten liegt, spitzt sich die Situation dramatisch zu. Landwirtschaftsbetrug kann schon jetzt fast als Hobby einiger Mitgliedstaaten bezeichnet werden; das Problem in den Griff zu bekommen scheint nach der Erweiterung ein fast aussichtsloses Unterfangen. Zu Recht werden die Geberländer (die so genannten Nettozahler -– von den Neuen sind dies auch Tschechien und Slowenien) und ihre Wähler darauf pochen, dass die Nehmerländer streng kontrolliert werden. Auch die Aufgabe der Parlamentarier verkompliziert sich im erweiterten „Großeuropa". Es gilt zu verhindern, dass sich das System verselbstständigt und die letzten Reste von Transparenz verloren gehen.

Mit einer Schwarz-Weiß-Schablone ist der EU nicht beizukommen. Es ist sinnvoll, einheitliche Abgasnormen in Europa zu haben. Es ist sinnvoll, dass eine gemeinsame Wasserrahmenrichtlinie den Umgang mit unserem lebenswichtigen Gut regelt. Doch am Altar eines nebulösen „Gemeinwohls" dürfen nicht die berechtigten Anliegen des einzelnen Mitgliedstaates geopfert werden. Dieser Gratwanderung sind Europas Volksvertreter mehr als alle anderen Politiker ausgesetzt. Sie müssen das übergeordnete Interesse des Staatenbundes im Auge behalten, ohne dabei die Interessen des Heimatlandes zu vernachlässigen. Und sie sollten auch Widerstand gegen diktatorische Tendenzen leisten; denn selbst für „weniger" EU kann nur in der EU, will heißen in Brüssel, gesorgt werden.

Die EU braucht Kontrolle – sowohl im Interesse der Bürger als auch, um zu überleben. Eine Bringschuld der Institutionen, nämlich des Rates, der Kommission und des Parlaments, besteht dabei darin, dem Bürger ihre Funktion und ihre Bedeutung verständlich zu machen. Gelingt dies nicht, werden die Zweifel am Sinn dieses Staatenbundes letztendlich zu dessen Zerfall führen.

II.
DAS SELTSAMSTE PARLAMENT DER WELT

Vom Demokratiemaskottchen zur Volksvertretung

Im Jahr 1951 gründeten Belgien, Deutschland, Luxemburg, Frankreich, Italien und die Niederlande die erste wirtschaftliche Gemeinschaft auf europäischer Ebene: die Europäische Gemeinschaft für Kohle und Stahl (EGKS). Zu deren Unterstützung entsandten die nationalen Parlamente dieser Länder insgesamt 78 ihrer Abgeordneten in das französische Straßburg. Von einem Parlament war damals allerdings noch keine Rede, nur von einer „Parlamentarischen Versammlung", deren Aufgaben sehr bescheiden waren: Sie sollte der EGKS beratend zur Seite stehen.

Als 1957 mit den Römischen Verträgen die Europäische Wirtschaftsgemeinschaft (EWG) und die Europäische Atomgemeinschaft (EURATOM) aus der Taufe gehoben wurden, erweiterte sich der Zuständigkeitsbereich der Gemeinsamen Versammlung auch auf diese Gemeinschaften; doch das parlamentarische Gremium hatte im legislativen Bereich weiterhin nur ein Anhörungsrecht; beschlossen wurden die Gesetze nach wie vor allein von den Regierungen.

Im Jahr 1962 gab sich die Versammlung schließlich jenen Namen, unter dem man sie heute kennt: Europäisches Parlament.

Die ersten Europawahlen

Schon in den Gründungsverträgen der Europäischen Gemeinschaft von 1957 war als Ziel ein von den Bürgern direkt gewähltes Parlament festgelegt. Diese revolutionäre Neuerung mussten die Regierungen der Mitgliedsländer aber einstimmig beschließen. Nicht alle fanden Gefallen an der Idee, sich in Zukunft mit einem durch die Bevölkerung legitimierten demokratischen Gegenspieler „zusammenraufen" zu müssen; denn heute wie damals gilt: Alles, was das Parlament und damit die Bürger stärkt, schwächt die Regierungen. Und so ließ man sich fast

zwanzig Jahre Zeit, bis man zur Tat schritt. Der Anstoß dafür kam übrigens vom neu gewählten französischen Staatspräsidenten Valéry Giscard d'Estaing – eben jenem Mann, der ein Vierteljahrhundert später den Konvent für eine Europäische Verfassung leiten sollte.
1979 schließlich war es so weit: Zum ersten Mal bestimmten die Bürger der Europäischen Gemeinschaft in allgemeinen und direkten Wahlen ihre Vertreter für das gemeinsame Parlament. Diese wiederum wählten aus ihrer Mitte eine der beliebtesten Politikerinnen Frankreichs, Simone Veil, zur ersten Präsidentin. Die Wahlbeteiligung betrug 63 Prozent – ein Spitzenwert, der seitdem nie mehr erreicht wurde.

Was das Parlament kann ...

Seit den ersten Europawahlen ging die europäische Volksvertretung aus jedem Machtkampf der Institutionen als klarer Sieger hervor. Schon Jahre davor hatte sie eine ihrer zentralen Kompetenzen erworben: das Budgetrecht. Seit damals gilt: Erst wenn der Präsident des Parlaments den Haushaltsplan unterzeichnet hat, kann die EU über die finanziellen Mittel für das darauf folgende Jahr verfügen. Das Parlament kontrolliert aber auch, ob die Gelder zweckmäßig ausgegeben werden. Dafür hat es einen eigenen Haushaltskontrollausschuss. Alljährlich müssen sich die Kommissare einer Bewertung durch die Abgeordneten stellen.
Von gewissen Budgetbereichen war das Parlament allerdings von Anfang an ausgeschlossen. Der wichtigste davon: die Agrarausgaben, die heute immerhin fast die Hälfte des EU-Haushalts ausmachen. Auf dieser Regelung hatte seinerzeit Frankreich bestanden – damals wie heute der größte Agrar-Profiteur unter allen EU-Ländern. Erst mit der neuen Verfassung sollen die Abgeordneten endlich ein Mitspracherecht in diesem Bereich erhalten.

Das Parlament hat aber nicht nur in Budgetfragen, sondern generell eine demokratische Kontrollfunktion. So kann es etwa Untersuchungsausschüsse einsetzen – oder auch einmal alle EU-Kommissare zum Rücktritt zwingen. Letzteres geschah im Jahr 1999, im Zuge des berühmt-berüchtigten Korruptionsskandals in

der Europäischen Kommission. Offiziell hatte das Parlament das Recht, die Kommission zu entlassen, schon von Anfang an; doch lange Zeit war es undenkbar, dass die Abgeordneten dieses Instrument auch einmal anwenden könnten. Die neuen Kommissare konnten nämlich nur einstimmig von den Regierungen eingesetzt werden, und bis dahin blieb die alte Kommission im Amt. Somit hätte der Rat theoretisch einen Narren aus dem Parlament machen können. Die Entlassung der Kommission durch die Abgeordneten zeigte also zum ersten Mal mit aller Dramatik, dass das Parlament sich nicht mehr als „kleiner Bruder" von Rat und Kommission fühlte. Sie zeigte aber auch, dass Europas Volksvertretung viel wirksamer ist als der Rat, wenn es darum geht, Machtmissbrauch und Misswirtschaft in der EU zu bekämpfen. Das Europäische Amt für Betrugsbekämpfung (kurz OLAF genannt) wurde ebenfalls auf Initiative des Europäischen Parlaments gegründet.
Mit der neuen EU-Verfassung erhält das Parlament schließlich auch das Recht auf Ernennung des Kommissionspräsidenten (der wiederum die Kommissare ernennt). Dieser wird künftig von den Abgeordneten direkt gewählt; über die Europawahlen erhalten damit auch die Bürger Einfluss darauf, wer an der „Spitze" der EU steht.

Die dritte Kernkompetenz des Parlaments neben der demokratischen Kontrolle und den Haushaltsbefugnissen ist die Gesetzgebung. Im Jahr 1993 wurde das so genannte Mitentscheidungsverfahren ins Leben gerufen: Dabei entscheidet das Parlament gleichberechtigt mit dem Rat. Seit dem Amsterdamer Vertrag von 1997 gilt dieses Verfahren für rund drei Viertel aller Gesetzesprojekte. Und die Verfassung weitet dessen Geltungsbereich noch einmal kräftig aus. Statt wie bisher in 34 ist das Parlament dann in 70 Politikbereichen dem Rat gleichgestellt.

... und was es nicht kann

So sehr das Europäische Parlament an Bedeutung gewonnen hat: Es reicht immer noch nicht für eine echte europäische Demokratie.

So sollen auch mit der Verfassung wesentliche Bereiche dem Stimmrecht der Abgeordneten entzogen bleiben: die Leitlinien zur Finanz-, Wirtschafts- und Steuerpolitik, außerdem die Außenpolitik, Innen- und Justizpolitik.
Ein weiteres Manko: Nach wie vor darf das Parlament keine neuen Gesetze vorschlagen; dieses Recht bleibt der Kommission vorbehalten.

Besonders skandalös ist das fehlende Mitspracherecht des Parlaments in Atomfragen. Obwohl der Energiebereich grundsätzlich in den Kompetenzbereich der Abgeordneten fällt, haben diese dennoch bei allen Entscheidungen, die den so genannten EURATOM-Vertrag betreffen, nur ein Anhörungsrecht. Warum? Der EURATOM-Vertrag stammt noch aus der europäischen „Steinzeit", den Gründungsjahren der Gemeinschaft, und ist bis heute praktisch unverändert geblieben. Auch die Gelegenheit, ihn im Rahmen der neuen Verfassung zu reformieren bzw. auslaufen zu lassen, hat man nicht genützt; vielmehr hat man den Vertrag einfach als Zusatzprotokoll der Verfassung beigefügt – und Entscheidungen dazu auf später verschoben. Somit entzieht sich einer der für das Wohlergehen der Bürger wichtigsten Politikbereiche immer noch der demokratischen Kontrolle durch die nationalen Parlamente und das Europäische Parlament.
Schließlich ist auch die Vorgangsweise bei der Aufnahme neuer Mitgliedstaaten in die EU aus demokratiepolitischer Sicht höchst fragwürdig. Die Abgeordneten entscheiden nämlich nicht über die Aufnahme von Verhandlungen mit den Beitrittsländern. Nur bei der endgültigen Entscheidung über den Beitritt ist ihre Zustimmung erforderlich.

Nickaugust Parlament

Die Zustimmung des EU-Parlaments bei Erweiterungsfragen ist erst dann erforderlich, wenn sämtliche Beitrittsverhandlungen abgeschlossen sind. Das ist, harmlos ausgedrückt, ungefähr so, wie wenn man einen Gast fragt, ob ihm die Speisen recht sind, nachdem man stundenlang in der Küche gestanden ist und das Essen fertig auf dem Tisch steht ...

Die Parlamentarier - Ein sonderbares Völkchen

No-Names und Prominente

Das Europaparlament ist weltweit eine unvergleichliche Einrichtung. Nirgendwo sonst gibt es eine Volksvertretung, die aus so vielen verschiedenen Nationen, Kulturen und Sprachen zusammengewürfelt, Verzeihung: zusammengewählt ist. Und so sind auch die EU-Parlamentarier eine einzigartige Spezies.
Die Unterschiede und Widersprüche rund um Europas Volksvertretung beginnen schon, bevor diese überhaupt eingesetzt wird. Es gibt noch nicht einmal ein einheitliches Wahlrecht dafür – ja, nicht einmal einen gemeinsamen Wahltag; denn Iren, Niederländer und Briten sind es nun einmal gewohnt, donnerstags und nicht sonntags zu wählen (und die Tschechen etwa steuern mit der Erweiterung auch noch den Freitag und Samstag bei).
Grundsätzlich gibt es auch keine Vorgaben, was ein Europaparlamentarier sein oder können muss, um dieses Amt auszuüben – darf es auch gar nicht geben, denn das Parlament steht allen Menschen in Europa offen, sofern sie durch die Stimme des Wählers legitimiert werden. Und so sitzen dort Landwirte neben ehemaligen Ministerpräsidenten, Schmiede neben Spitzensportlern, Künstler neben Wirtschaftsbossen und, und, und.
Neben zahlreichen „No-Names" tummelte sich hier seit jeher nationale und internationale Prominenz: etwa Mario Soares (Freiheitskämpfer, langjähriger portugiesischer Präsident und einer der beliebtesten Politiker Portugals), Bergsteiger Reinhold Messner oder die Sängerin Nana Mouskouri. (Die berühmte italienische Schauspielerin Gina Lollobrigida kandidierte ebenfalls einmal, aber erfolglos.) Heuer treten unter anderem Tschechiens erster und einziger Astronaut Vladimir Remek, Pornostar Dolly Buster und der vierfache Rallye-Weltmeister Juha Kankkunen an.
Ein besonderes Phänomen auf Europas politischer Bühne ist der „geläuterte" Revolutionär Daniel Cohn-Bendit: Belastet unter anderem durch zweifelhafte Sexualpraktiken mit Kindergartenkindern in den siebziger Jahren, ist der ehemals engste

Freund und Genosse des deutschen Außenministers Joschka Fischer heute eines der bekanntesten Mitglieder des EU-Parlaments. Vor drei Jahren verkündete er sogar, er sei ein Kandidat für das Amt des Kommissionspräsidenten („nur um die Debatte ein bisschen aufzumischen", wie er meinte).

COHN-BENDITS ALTLASTEN

Daniel Cohn-Bendit über seine Erfahrungen in einem Frankfurter „Kinderladen" („Der große Basar", 1975):

„Mein ständiger Flirt mit allen Kindern nahm bald erotische Züge an. Ich konnte richtig fühlen, wie die kleinen Mädchen von fünf Jahren schon gelernt hatten, mich anzumachen."

„Es ist mir mehrmals passiert, dass einige Kinder meinen Hosenlatz geöffnet und angefangen haben, mich zu streicheln. Ich habe je nach den Umständen unterschiedlich reagiert ... Aber wenn sie darauf bestanden haben, habe ich sie dennoch gestreichelt."

2001 erklärte Cohn-Bendit in einer Fernsehsendung, es sei „Unsinn", ihm den Missbrauch von Kindern vorzuwerfen. Ehemalige Schützlinge und deren Eltern hätten ihm das bestätigt.

Bisher kandidierte Cohn-Bendit für die französischen Grünen; bei den diesjährigen EU-Wahlen hat er sich allerdings entschlossen, seine Nationalität zu ändern und für die Deutschen anzutreten. Warum? Ganz einfach: Weil Frankreich in fünf Wahlbezirke aufgeteilt wurde und das Grundmandat in den einzelnen Bezirken fraglich ist. Als man Cohn-Bendit deswegen als Opportunisten kritisierte, erklärte er, niemand dürfe für ihn entscheiden, welche Nationalität er habe; außerdem sei er auch „kein Deutscher, sondern Europäer".

STELL DIR VOR, ES SIND EUROPAWAHLEN ...

Wenn es um EU-Wahlen geht, sind außergewöhnliche Wahlmethoden keine Seltenheit. Im Jahr 1999 etwa hielt sich eine irische konservative Partei an das Rezept „Sex sells" und präsentierte auf ihren Plakaten ein nacktes Pärchen in leidenschaftlicher Pose. Der Untertitel, der notorische Nichtwähler an die Urnen locken sollte, lautete: „Es gibt für alles ein erstes Mal." Eine engagierte Jugendorganisation wiederum verschickte an hunderte Meinungsbildner Männerunterhosen mit dem Hinweis „It takes balls to care for your future!" (auf deutsch wörtlich: „Man braucht Hoden, um für die Zukunft zu sorgen!") Die Aktion ging vor allem deswegen „in die Hose", weil weibliche Adressaten sich darüber empörten, dass man nur männliche Unterhosen verschickt hatte ... Die ehemalige Miss Belgien Anke Vander Meersch schließlich versprach, im Fall ihrer Kür nackt für den „Playboy" zu posieren (sie wurde dennoch nicht gewählt). Natürlich steckt hinter solchen Infantilitäten nicht nur Jux und Tollerei, sondern auch der Mut der Verzweiflung. Die Wahlbeteiligung bei den Europawahlen ist seit dem Jahr 1979 in einer unaufhaltsamen Talfahrt von 63 Prozent auf ein bisheriges Rekordtief von 49,7 Prozent im Jahr 1999 gerutscht. In Großbritannien wählte zuletzt nicht einmal jeder Vierte – das ist weniger als die Beteiligung am Voting zur Kultserie „Big Brother". Dabei hatte man gerade bei den letzten Wahlen alles getan, um die Wähler zu mobilisieren: Großbritannien ließ eigens Heißluftballons steigen; Irland setzte spezielle Briefmarken und Telefonkarten in Umlauf; die Franzosen missbrauchten ihren Lieblingsphilosophen René Descartes und verkündeten: „Ich denke, also wähle ich." Und in Portugal erinnerten sogar Bankomaten die Bürger an ihre Wählerpflicht. Alles vergeblich.

Der Fall Dolly Buster

Und wie sieht es im Jahr 2004 aus? Silvio Berlusconi gibt für seinen eigenen EU-Wahlkampf 5,5 Millionen Euro aus. Die Erweiterungsländer dagegen setzen auf Qualität und präsentieren eine ganze Riege an ehemaligen Ministerpräsidenten und Ministern. Das nationale Wahlkomitee in Polen hat übrigens von vornherein dafür gesorgt, dass bei den ersten heimischen EU-Wahlen nur „ordentliche" Kandidaten auf den Wahltisch kommen; zu den Anforderungen gehören unter anderem finanzielle Unabhängigkeit und eine „stabile familiäre Situation"; was ein Parlamentarier werden will, soll „nicht vorbestraft" sein und über eine „gute Gesundheit" verfügen; und zu guter Letzt: Alkoholiker, Drogensüchtige und Kettenraucher sind unerwünscht ...

Aber niemand hat mehr Aufsehen erregt als Dolly Buster: Der berühmte Pornostar hat sich der tschechischen „Unabhängigen Initiative" zur Verfügung gestellt, die ursprünglich „Unabhängige erotische Initiative" hieß und nach wie vor das Thema Sex in ihrem Programm favorisiert. Als Dolly Buster ihre Wahlkampfmanager nach einem Wahlprogramm fragte, lautete die Antwort: „In europäischen Pornofilmen sollen nur europäische Darsteller eingesetzt werden." Dann kündigte die Partei an, Dolly Buster werde in einem Bergwerk zusammen mit Bergarbeitern duschen. Als die Partei schließlich auch noch forderte, die Kandidatin müsse ihr Mandat bei einem Erfolg an einen Partei-Funktionär abgeben, zog Dolly Buster ihre Kandidatur zurück; aber da ihre Fans sie täglich mit „Hunderten von E-Mails" überschütteten, kandidiert sie nun doch.

Stenzels bester Coup

In Österreich hat bislang nur ÖVP-Delegationsleiterin Ursula Stenzel zaghafte Ansätze für einen griffigeren Wahlkampf erkennen lassen: Im Frühjahr 2004 ließ sie sich auf dem Privatsender ATV im „Beichtstuhl" von Fernsehprovokateur Hermes Phettberg interviewen – das zeugt immerhin von redlichem Bemühen. Aber auch sonst ist meine ebenso geschätzte wie geschickte Kollegin bekannt dafür, ihre langjährige Medienerfahrung gerne für die Politik zu nützen. Vor den letzten Europawahlen erfuhr man aus österreichischen Medien, dass Ursula Stenzel das erste Parlamentsmitglied war, das mit dem designierten Kommissionspräsidenten Prodi plaudern durfte. Rein zufällig hätte sie an dem Tag, als Prodi dem Parlament seinen ersten Besuch abstattete, einen „exklusiven Gesprächstermin beim Parlamentspräsidenten" gehabt, und rein zufällig sei dort in einem der dicken Lederfauteuils gerade Romano Prodi gesessen. Und rein zufällig hätte Frau Stenzel gerade ein Kamerateam im Schlepptau gehabt, das Bilder für ihren Wahlkampf schießen sollte. Dass es nicht ganz so war, wussten nicht nur ihre Kollegen, sondern auch die EU-Zeitschrift „European Voice", die den Vorfall auf ihrer Witzseite unterbrachte: Demnach wollte Frau „Stenzl" [sic!], die für Wahlkampfzwecke die ganze Woche von einem österreichischen Kamerateam begleitet war, unbedingt einen Schnappschuss mit Romano Prodi erhaschen. Sie ging also hinauf in das Präsidentenbüro im 11. Stock und bat den Parlamentspräsidenten inständig, bei der Ankunft Prodis dabei sein zu dürfen. „Das wäre ein großer Coup für uns. In Österreich geben die Sozialisten gerne vor, die großen Reformer zu sein. Bitte kann ich bleiben und Herrn Prodi die Hand schütteln?" Zehn Minuten später kam Prodi und wurde Frau Stenzel vorgestellt – Prodi reagierte mit „Verblüffung", so die Zeitung.

Europas Luftikusse

EU-Abgeordnete haben ihren ganz eigenen Rhythmus, der für Außenstehende leicht ein wenig befremdlich anmutet. Ihr Leben

spielt sich im Dreieck zwischen Brüssel (dem Hauptarbeitsort des Parlaments), Straßburg (wo die Plenarsitzungen stattfinden) und dem Heimatort (wo sie sich um ihre Wähler kümmern oder kümmern sollten) ab. Und, nicht zu vergessen: dazwischen. Denn obwohl Abgeordnete zuweilen an drei Orten gleichzeitig sein müssten, sitzen sie einen beträchtlichen Teil ihrer Zeit in einem Niemandsland ab: nämlich an Flughäfen und in Flugzeugen.
Das ist zunächst einmal Zeit-, Energie- und Geldverschwendung (auf Kosten des Steuerzahlers). Man kann es aber auch als Fingerzeig auf die problematische Existenz des EU-Parlamentariers sehen: Er ist ein Zwitterwesen, denn er soll für „Europa“ da sein und zugleich für seine Wähler; obwohl er für diese der „direkte Draht“ zu Brüssel sein soll, verbringt er die meiste Zeit weit weg von ihnen. Das Fliegen ist das traurige Markenzeichen der Europaparlamentarier und besagt: Sie hängen buchstäblich in der Luft.

Von zweckentfremdeten Sofas ...

Jeder Parlamentarier hat zwei Büros: eines in Brüssel und eines in Straßburg. Die Büros in Brüssel sind geräumig; aber nicht nur das. Die Parlamentsverwaltung hat es für nötig befunden, in jedem dieser Räume eine eigene Liege zu installieren; denn die armen Abgeordneten sollen es sich jederzeit bequem machen können, wenn sie müde und ausgelaugt von einer Konferenz, einem anstrengenden Flug oder einer Sitzung kommen. Und natürlich wollte man damit auch gewährleisten, dass die Mandatare aus den südlichen Ländern ihre Traditionen pflegen können – will heißen: ihre nachmittägliche Siesta. Nicht damit gerechnet hat man allerdings, dass Abgeordnete den Zweck dieser Sofas auch noch anders interpretieren könnten. Einen handfesten Skandal gab es, als sich herausstellte, dass ein Grüppchen neu gewählter italienischer „Frischlinge“ Freudenmädchen in das Parlament geschleust hatte. Das Übernachten in den Büros wurde daraufhin offiziell verboten. Darüber sollen nicht nur die Italiener traurig gewesen sein, sondern auch ein als „Privilegien-Enthüller“ bekannt gewordener österreichischer Abgeordneter. Bewundernswert bescheiden verbrachte er seine Nächte angeblich gerne auf dem spartanischen Bürosofa; das (in erster Linie für die Hotelkosten gedachte) Tagegeld streifte er trotzdem ein.

… und Badezimmern, die niemand wollte

Die Abgeordnetenbüros bieten aber auch noch eine weitere Bequemlichkeit – nämlich Badezimmer. Auch dafür hat die Parlamentsverwaltung eine Erklärung: In den wenigsten Fällen haben Mandatare zwischen der Anreise und einer Sitzung die Zeit, sich im Hotel frisch zu machen; also folgt daraus: Jeder Abgeordnete muss seine eigene Dusche haben. Außergewöhnlich ist an den Parlamentarier-Bädern aber nicht nur, dass sie überhaupt existieren; außergewöhnlich ist auch ihr Preis. Einen Protestschrei gab es unter den Abgeordneten, als sie erfuhren, wie viel jeder dieser Duschräume gekostet hatte: 14.000 Euro – macht für 626 Abgeordnete 8,764.000 Euro …

Bald stellte sich auch noch heraus, dass das Badezimmer-Privileg zu den seltenen Privilegien gehört, an denen Parlamentarier kein Interesse haben. Schließlich musste die Parlamentsdirektion die Abgeordneten sogar auffordern, öfter zu duschen. Nanu: Begann das Parlament sich plötzlich für eine saubere Politik zu interessieren? Nein, man sorgte sich nur um die kostbaren Duschen, die durch die seltene Verwendung schadhaft zu werden drohten.

Übrigens zeigt sich hier wie überall in der EU: Nicht alles, was teuer ist, ist auch gut. Ein Abgeordneter, der frühere portugiesische Landwirtschaftsminister, musste nach einer späten Dusche stundenlang in seinem Badezimmer bleiben; der Türknopf war abgebrochen, und niemand hörte seine Hilferufe.

Man sage aber nicht, das Parlament sei nicht sparbereit. Als man das neue Parlamentsgebäude in Straßburg errichtete, beschloss man, man müsse dem Bürger gegenüber ein Zeichen setzen. Man entschied sich dabei unter anderem für die Abgeordnetenbüros, die ja nur vier Tage pro Monat benutzt werden. Das Ergebnis erinnert die einen an die amerikanische Gefängnisinsel Alcatraz, andere an Legebatterien. Parlamentarier und Assistent teilen sich eine Zelle, die mit rund 10 m^2 kaum größer ist als das nicht benutzte Badezimmer in Brüssel.

Eine portugiesische Watschn

In einer Hinsicht ist das Europaparlament wirklich vorbildlich: und zwar in der Art, wie die Mitglieder miteinander umgehen.

In nationalen Parlamenten werden die Abgeordneten gerne persönlich, beschimpfen einander unflätig, und nur die parlamentarische Immunität schützt sie vor Ehrenbeleidigungsklagen vor dem Bezirksrichter.

Anders im EU-Parlament: Hier kreisen neunzig Prozent der Sitzungsdebatten um sachliche Argumente, die man respektiert, auch wenn man ihnen nicht zustimmt. Und würde ein Abgeordneter einen anderen beflegeln, wie es in unserem „Hohen Haus" durchaus üblich ist, hätte er im Nu das gesamte Parlamentskollegium gegen sich.

Natürlich muss man nationale Empfindlichkeiten im Umgang miteinander berücksichtigen. Als ein britischer Sozialist den Luxemburger Abgeordneten Robert Goebbels versehentlich mit „Herr Göring" ansprach, waren zum Beispiel die anwesenden deutschen Mandatare peinlich berührt ...

Aber ein wenig idealisiert kann man sagen: Zumindest im Umgang miteinander sind die Parlamentarier ein Vorbild europäischer Verständigung.

Mit gelegentlichen „Ausrutschern". Ein solcher passierte vor einigen Jahren in einer Plenarsitzung gegen zehn Uhr abends, im Rahmen einer heftigen Diskussion um die skandalösen EU-Tabaksubventionen. Der dänische Sozialdemokrat Freddy Blak ereiferte sich über einen portugiesischen Kollegen, der die (vielen portugiesischen Bauern zugute kommenden) Gelder verteidigt hatte, und rief schließlich aus: „Ich muss sagen, dass er von der Tabakindustrie sehr gut bezahlt worden sein muss, damit er herkommt und in so kurzer Zeit so viel Unsinn erzählt!" Kurz darauf hörte man den Vorsitzenden rufen: „Können die Saaldiener bitte mal für Ordnung sorgen da hinten!" – Was war passiert? Der Beleidigte, ein Mann mit dem stolzen Namen Rosado Fernandes, war durch den Saal marschiert, hatte vor seinem Kollegen kurz innegehalten – und ihm eine schallende Ohrfeige versetzt. (Dafür erhielt er drei Tage Aufenthaltsverbot im Plenarsaal.)

Hier lassen sich auch die Unterschiede in den nationalen Temperamenten studieren. Auch unser „parteifreier" Abgeordneter und „Privilegien-Enthüller“ Hans-Peter Martin machte in einer Sitzung seinem Zorn über einen Kollegen Luft – nämlich SPÖ-Delegationsleiter Hannes Swoboda, der ihn angeblich aus der Rednerliste „hinausinterveniert“ hätte. Doch statt ihm einfach eine Ohrfeige zu verpassen, holte er trotzig einen kleinen Plastik-Lkw und ein Stoppschildchen hervor (es handelte sich um die Schlussabstimmung zur Ökopunkteregelung im Dezember 2003) und demonstrierte „gewaltfrei“; einen Fotografen hatte er auch gleich mitgebracht. Mit diesem „Beitrag“ zum Kampf um die Ökopunkte (dem einzigen in seiner gesamten Abgeordnetenkarriere) kaschierte er nicht nur seine fehlende Ausschussarbeit, sondern sorgte auch dafür, dass die Österreicher ihren Ruf als „lustiges Völkchen“ nicht verlieren. Kollege Freddy Blak (eben jener, der seinerzeit die portugiesische Watschn erhalten hatte) beglückwünschte ihn daraufhin dazu, dass er seinen „Wahlkampf“ schon eingeleitet habe; zuhause in Österreich sei die Demonstration vielleicht eher am Platz als hier im Parlament, merkte er noch an – „aber dort würde er mit seiner einsamen Demonstration nicht fotografiert“...

Das „Verdienst“, eine Sitzung des EU-Parlaments groß in die Medien gebracht zu haben, darf allerdings der italienische Ministerpräsident Silvio Berlusconi für sich in Anspruch nehmen. Als er vor den Abgeordneten im Juli 2003 seine Antrittsrede als EU-Ratspräsident hielt, kritisierte ihn der deutsche Sozialdemokrat Martin Schulz heftig. Berlusconi schlug daraufhin vor: „Herr Schulz, in Italien wird derzeit ein Film über Nazi-Konzentrationslager gedreht. Ich bin der Meinung, dass Ihnen die Rolle als Kapo perfekt entsprechen würde.“ Den darauf folgenden Eklat quittierte er mit der Bemerkung, es sei bedauerlich, dass die Herren und Damen Abgeordneten keine „Ironie“ verstünden.

KEINE SITZUNG OHNE SAKKO

Offiziell herrscht in den parlamentarischen Sitzungen Sakko-Pflicht. Der Mitarbeiter eines linken dänischen Abgeordneten wurde einmal aus einem Hearing „hinausgeworfen“, weil er in Hemdsärmeln erschienen war. Wutentbrannt stürmte wenige Minuten später sein Chef in den Raum, preschte (wie stets in Jeans und Sweater) auf den Parlamentspräsidenten zu und beschwerte sich: „Das Parlament ist eine demokratische Institution und kein Laufsteg!" Präsident Pat Cox bewies wieder einmal sein diplomatisches Geschick: „Sie haben natürlich Recht ... – Ach übrigens, ich kann Ihnen einen guten Schneider empfehlen, wenn Sie wollen."

Wie arbeiten die Parlamentarier?

So unterschiedlich wie Tag und Nacht, lautet die Antwort. Da gibt es solche, die von einer Sitzung zur nächsten hetzen, von den Abstimmungen zu einer Konferenz, dazwischen Vier-Augen-Gespräche absolvieren, Berichte abfassen und lesen, Änderungsanträge verfertigen, Kollegen überzeugen und, und, und. Am anderen Ende der Skala gibt es solche, die nach „getaner Arbeit", nämlich einer Unterschrift in der Anwesenheitsliste, die das Tagegeld sichert, der physischen Anwesenheit in einer Sitzung sowie dem mehr oder weniger oft wiederholten Drücken des Abstimmungsknopfes das Parlamentsgebäude verlassen und sich nach einem wohlverdienten Mittagessen zur Ruhe oder anderswohin begeben. Auch wenn es sich bei Letzteren nicht, wie in manchen Medien behauptet, um den Regelfall, sondern um einige wenige handelt (anders könnte das Parlament gar nicht funktionieren): Bevor dieser Sumpf an hoch bezahlter Untätigkeit nicht endlich durch eine radikale Systemreform trockengelegt ist, werden die aufsteigenden Nebelschwaden den Blick auf all das verdecken, was „echte" Parlamentarier tagtäglich leisten. Denn ein Abgeordneter, der seine Sache ernst nimmt, hat rund um die Uhr mehr als genug zu tun.

Zu den Basis-Pflichten eines Abgeordneten gehört das Abstimmen über Gesetze. Jeder tut's, aber nicht jeder auf die gleiche Weise. In einer Plenarwoche werden bis zu siebzig Berichte verabschiedet; ein einziger solcher Text kann bis zu zweihundert Änderungsanträge enthalten, über die zum Teil einzeln abgestimmt wird. Gerade die Angehörigen einer Parlamentsfraktion haben es da einfach; sie halten sich gerne an die Abstimmungslisten, die von der Fraktion vorgegeben werden. Das erspart es ihnen, sich in zeitaufwändiger Arbeit eine eigene Meinung zu bilden. Wenn also österreichische Abgeordnete bisweilen für die

Atomförderung stimmen, dann haben sie das vielleicht gar nicht bemerkt.
Wer dagegen seine Stimme nach bestem Wissen und Gewissen abgeben will, für den (und natürlich für dessen Assistenten) erfordert jede Abstimmung eine sorgfältige Vorbereitung.
Parlamentarier kümmern sich auch um die Anliegen von Wählern, die an sie herantreten. Das kann besser oder schlechter gelingen. Ein britischer Abgeordneter etwa sorgte sich um die EU-Förderungen für die Region Hertfordshire, einen Verwaltungsbezirk im Südosten Englands. Also stellte er folgende schriftliche Anfrage an die Kommission: „Könnte die Kommission mich über die Höhe der Mittel informieren, die Hertfordshire im Rahmen der Fonds PHARE und TACIS [= spezielle EU-Fördertöpfe, Anm. d. V.] in den Jahren 1994, 1995, 1996 und 1997 erhalten hat?“ Die Kommission klärte ihn höflich darüber auf, dass diese Fonds für die Länder Mittel- und Osteuropas, die ehemaligen Sowjetstaaten und die Mongolei gedacht seien.

VOLKSMÄRCHEN AUS POLEN

Der radikal-liberale polnische Politiker und mehrmalige Präsidentschaftskandidat Janusz Korwin-Mikke hat verkündet: „Im EU-Parlament ist die Macht unter 760 Menschen aufgeteilt [bisher waren es 626, nach der Erweiterung sind es 732, Anm. d. V.]: Das bedeutet, der Einzelne kann dort 1,5 Minuten im Jahr aktiv sein.“ Das würde heißen, das EU-Parlament ist während eines ganzen Sitzungsjahres knapp sechzehn Stunden tätig ... Aber auch im polnischen Parlament scheint man vom EU-Parlament nicht gerade viel Ahnung zu haben. Dort wurde einmal unser Präsident Pat Cox als „Sprecher des Parlaments“ vorgestellt – dabei gibt es diese Funktion nicht einmal.

Die eigentliche und wichtigste Arbeit eines Parlamentariers aber ist die aktive Mitgestaltung von Gesetzen. Was kann ein einzelner kleiner Abgeordneter unter bisher 626 und nunmehr 732 Abgeordneten schon bewirken?, lautet eine immer wiederkehrende Frage. Genau dort kann er etwas bewirken, wo es darum geht, eine neue Richtlinie oder eine Verordnung selbst mitzuschreiben. Und dies tut ein Abgeordneter in Form von Berichten und Stellungnahmen.

Diese bilden auch die einzige wirklich messbare Leistungsbilanz eines EU-Abgeordneten. Alles andere spielt sich hauptsächlich hinter den Kulissen ab; da wird für oder gegen Berichte lobbyiert, da werden Koalitionen geschmiedet, da wird verhandelt, geredet, an Diskussionen und Debatten teilgenommen und noch vieles mehr. Parlamentarier haben tagtäglich viele kleine und große Mitgestaltungsmöglichkeiten. Von der „Sitzfleischbilanz" allein, der bloßen inaktiven Anwesenheit eines Parlamentariers bei den Sitzungen, hat der Wähler am allerwenigsten.

Dass die faulsten Abgeordneten oft auch die fleißigsten Schwänzer sind, ist dabei unbestritten. Europaweit stehen an der Spitze der Sitzungsmuffel die Italiener: Sie erreichten laut einer italienischen Tageszeitung in einem Jahr einen Durchschnitt von sage und schreibe 42% Abwesenheit bei allen Sitzungen. Die Italiener stehen aber auch noch in anderer Hinsicht an der Spitze: Sie sind es, die (nach den derzeit noch geltenden nationalen Regelungen) unter allen Parlamentariern die höchsten Gehälter beziehen …

Was leistet ein Parlamentarier?

Gegen Ende einer Legislaturperiode kommt es zwangsläufig immer wieder zu einer „Bilanz der Saison". Da stellt sich die Frage: Was hat ein Parlamentarier geleistet? Und wie misst man diese Leistung?

Der Eintrag in die Anwesenheitsliste im Parlamentsplenum sagt grundsätzlich nicht mehr aus, als dass man zumindest eine Minute im Saal war und in der Lage ist, seinen eigenen Namen zu lesen und eine eigene Unterschrift zu leisten. Gerade die Anwesenheit ohne parlamentarische Leistung kann die wirkliche Form der „Abzockerei" sein, da dafür trotz Nichtstuerei die Taggeldpauschale anfällt. Geht es um Leistung, so schlägt die Stunde der Wahrheit in der Ausschussarbeit. Es sind die schönsten Stunden der Welt, wenn es gelingt, die anderen Fraktionen oder zumindest einen Teil davon auf seine Seite zu ziehen. Dazu ist eine Vertrauensbasis Voraussetzung, die man wiederum nur durch Facharbeit erwerben kann. Wer als Parlamentarier nicht in die Gesetzgebung der EU eingegriffen hat, hat nichts geleistet.

Das vielleicht Schlimmste am Entlohnungssystem im EU-Parlament ist die Tatsache, dass jene am besten dran sind, die am wenigsten Leistung bringen. Würde ein Lokführer etwa sagen, er weigere sich, eine Lokomotive in Betrieb zu nehmen, sondern kontrolliere lieber als „Aufdecker" die Spinde seiner Arbeitskollegen, ob sie auch sauber seien, so würde er sogar bei der Eisenbahn entlassen werden. In der Politik jedoch gibt es niemanden, der einen zur Arbeit zwingen kann.
Wie kann der Wähler kontrollieren, ob und wie seine Abgeordneten arbeiten? Im Zeitalter des Internets relativ einfach: Über die Adresse www.europarl.eu.int kann man einsehen, welcher Parlamentarier gerade welche Berichte bearbeitet. Ich bin dabei bisher stets einen Schritt weiter gegangen und habe jedermann eingeladen, auf meiner Homepage aktiv an der Gestaltung der mir übertragenen legislativen Texte teilzunehmen. Zahlreiche Institutionen, aber auch Einzelpersonen haben diese Möglichkeit in Anspruch genommen, und ich selbst habe von den oft hochinteressanten Ideen profitiert.

FATUZZO, DIE NERVENSÄGE

Carlo Fatuzzo ist ein sonniger, wohlgenährter kleiner Italiener, der seit 1999 dem Parlament angehört – als Vertreter der italienischen „Partei der Rentner". Herr Fatuzzo ist eine liebenswerte Erscheinung, aber er hat eine schwer erträgliche Marotte: das Reden.
Fatuzzos Rekord liegt bei 315 Reden in einem Jahr – und das allein in den Plenarsitzungen, die nur vier Tage pro Monat, also insgesamt 48 Tage im Jahr, ausmachen. Seine Tagesbestleistung liegt bei zwanzig Wortspenden. (Angenommen, alle Abgeordneten wären bei den Plenarversammlungen so redselig, so wäre zumindest das Reiseproblem gelöst; sie würden dann einfach ein ganzes Jahr lang in Straßburg sitzen.)

Grundsätzlich wird bei Plenarsitzungen jede Wortmeldung vermerkt, die zwischen offizieller Eröffnung und Beendigung einer Sitzung getätigt wird. Wenn also ein Abgeordneter meldet, dass sein Kopfhörer oder seine Abstimmungsmaschine defekt ist, wird dies auch gleich im Sitzungsprotokoll festgehalten; und viele unter den Vielrednern des Parlaments reden nicht zuletzt deswegen, um ihre Statistik aufzubessern. So konnte etwa mein besonders mitteilsamer ÖVP-Kollege Paul Rübig im Jahr 2002 auf stolze 51 „Reden" verweisen. Darunter fanden sich auch Wortmeldungen wie diese: „Herr Präsident! Ich wollte nur anmerken, dass die Belüftung des Hauses, und zwar des gesamten Hauses, in dieser Woche extrem war und sehr viele Kolleginnen und Kollegen erkältet sind. Ich würde bitten, das Belüftungssystem des Hauses überprüfen zu lassen." (Hinter einer solchen scheinbar belanglosen Meldung verbirgt sich übrigens oft ein genialer Geist; vom großen Physiker Sir Isaac Newton ist zum Beispiel aus seiner Zeit als Parlamentarier nur ein einziger Satz überliefert: seine Bitte, wegen des Luftzugs das Fenster zu schließen ...)

Die eigentlichen Redezeiten der Abgeordneten sind begrenzt und müssen eigens beantragt werden. Es gibt aber einen Schlupfwinkel: die Stimmerklärungen. Keinem Parlamentarier ist es verwehrt, nach einer Abstimmung eine Erklärung zu seinem Stimmverhalten abzugeben. Und Fatuzzo macht von diesem Recht so ausgiebig Gebrauch, dass man fast schon eigens wegen ihm die Geschäftsordnung geändert hätte: Einmal brachten entnervte Kollegen einen Antrag ein, die Stimmerklärungen künftig auf zwei pro Sitzung und Mitglied zu beschränken. Die „Lex Fatuzzo" wurde aber abgelehnt.

Carlo Fatuzzos Beiträge zu den Plenardebatten haben etwas ganz Besonderes an sich: Fast immer handeln sie von einem Traum. Selbst als wir im Plenum „auf Leben und Tod" um unsere Ökopunke und gegen den Bericht des italienischen Berichterstatters kämpften, hatte dessen Landsmann einen Traum parat: „Herr Präsident, als ich in dem Flugzeug, das mich von Bergamo nach Straßburg brachte, diesen Bericht studierte, um zu entscheiden, wie ich abstimmen sollte, und als ich somit las, dass das Ökopunktesystem verlängert wird, schlief ich ein weiteres Mal ein und sah im Traum, wie Österreich die Fußballweltmeisterschaft 2006 gewann. Warum? Weil es mehr Punkte hatte. Die Punkte sind also nützlich für Österreich!" Auch zur Atomenergie hat der Italiener seinen eigenen Zugang: „Herr Präsident, ich war noch sehr jung ... als mir jemand ein wunderschönes Buch mit Illustrationen von Walt Disney schenkte. Es hieß ‚Unser Freund, das Atom' und war so brillant illustriert wie alle Arbeiten von Walt Disney ... Ich war fasziniert von diesem wissenschaftlichen Buch, in dem mir als Kind alles so gut erklärt wurde. Seit damals bin ich ein Befürworter der Kernenergie ..."

Jenen Kollegen, die Fatuzzo nahe legten, dass er mit seinem Redefluss dem Steuerzahler auf der Tasche liege, hat der Italiener – wieder in einer Rede natürlich – ein schlagendes Argument entgegengesetzt: „Was kostet mehr: Herr Fatuzzo mit seinen wenige Minuten dauernden Erklärungen zur Abstimmung oder drei Sitze des Europäischen Parlaments mit drei Gebäuden, drei Büros für jedes EP-Mitglied und jeden Bediensteten? Wenn es gelänge, einen einzigen Sitz für das Europäische Parlament festzulegen, wäre ich zur Feier der großen Einsparung bereit, auf meine Stimmerklärungen zu verzichten."

Weitere Kostproben aus Fatuzzos parlamentarischen Wortspenden:

17.1.2002: „Frau Präsidentin, im Zusammenhang mit dem Bericht Ramos über die Fischereipolitik hatte ich einen Traum. Ich sah einen sturmgepeitschten See: einen See in Palästina, zur Zeit von Jesus. Ich sah also Jesus, wie er gemeinsam mit Petrus in einem Boot saß und fischte, doch Petrus hatte das Gesicht von Herrn Varela. Er fischte zwar, doch waren keine Fische im Netz. Verwundert fragte er Jesus: ‚Gibt es denn hier keine Fische?' ‚Aber gewiss doch!', bekam er zur Antwort. ‚Wir sind im Jahr 2001 und nicht in meiner Zeit! Hier muss man die Gleichstellung zwischen Männern und Frauen durchsetzen. Nur wenn eine Frau fischen geht, werden wieder viele Fische im Netz sein. Also Fatuzzo, der du mich im Traum siehst, erinnere dich, dass dies, da es sich um den Bericht einer Frau, Rosa Miguélez Ramos, handelt, der richtige Weg zu einem guten Fang in der europäischen Politik ist.'"

12.6.2002: „In Änderungsantrag 74 heißt es: ‚Das Recht auf eine mündliche Erklärung ist auf höchstens zwei Wortmeldungen je Sitzung und Mitglied beschränkt.' Ich habe den vagen, entfernten Verdacht, die Antragsteller wollen mir das Wort verbieten, denn ich bin der Einzige, der je Sitzung mehr als zwei mündliche Erklärungen zur Abstimmung abgibt. [Heiterkeit] Obwohl ich den Änderungsantrag 74 nach wie vor ablehne, möchte ich den Wünschen seiner Verfasser entgegenkommen, indem ich sofort beginne zu schweigen und auf einen mündlichen Änderungsantrag verzichte."

19.12.2002: „Herr Präsident, dies ist wie gewohnt mein Weihnachtsgeschenk für den Vorsitz, das den Präsidenten unterstützende Personal, die Dolmetscher und all jene, die in diesem Haus arbeiten und somit das ganze Jahr über viel Zeit aufbringen, um den Stimmerklärungen des Abgeordneten

Fatuzzo zuzuhören. Es ist nunmehr zur Gewohnheit geworden, dass es zu Weihnachten, just als Weihnachtsgeschenk, bei den letzten Abstimmungen keine Stimmerklärungen des Abgeordneten Fatuzzo gibt."

12.2.2003: „Herr Präsident, ich verspüre ein wenig Appetit und verzichte daher diesmal auf eine Erklärung zur Abstimmung."

EU-Wanderzirkus

Das Europäische Parlament hat drei verschiedene Arbeitsstätten, die sich in Brüssel, Straßburg und Luxemburg befinden. In Brüssel, dem Hauptarbeitsort, tagen die Sitzungen der Ausschüsse und das so genannte Miniplenum (das sind die kurzen, ein bis zwei Tage dauernden Plenarsitzungen). Verwaltet wird das Parlament von Luxemburg aus. Im elsässischen Straßburg nahe der deutschen Grenze tagt die monatliche Vollversammlung des Parlaments, bei der sämtliche Abgeordnete zusammentreffen, Debatten führen und Abstimmungen abhalten.
Warum finden die Plenarsitzungen nicht ebenfalls in Brüssel statt? – Diese Frage stellen sich nicht nur die Bürger, sondern auch die Parlamentarier selbst, und zwar seit es die Straßburg-Sitzungen gibt. Dieser absurde, nun schon zwölf Jahre andauernde Wanderzirkus ist für alle Beteiligten nicht nur umständlich und aufreibend; er ist vor allem eines: sündhaft teuer. Die drei Arbeitsorte bescheren dem europäischen Steuerzahler

jährliche Kosten von 185 Millionen Euro, nach der Erweiterung sollen es 203 Millionen sein.
Die einzig sinnvolle Antwort auf diese sinnlose Verschwendung heißt: Abschaffen. Aber wie? Hier gesellt sich zur einen Verrücktheit die nächste. So unglaublich es klingt: Das Parlament darf nicht darüber entscheiden, wo es seine Sitzungen abhalten will. Dafür hat Frankreich gesorgt. Die Bestimmung, dass das Parlament zwölf Mal jährlich in Straßburg tagen muss, ist sogar eigens in den EU-Verträgen verankert: Präsident Jacques Chirac war es, der diesen Passus 1997 in den Amsterdamer Vertrag hineinschreiben ließ.
Ein kluger Schachzug: So kann der Beschluss nämlich nur von den Regierungsvertretern geändert werden, und zwar einstimmig. Und Frankreich denkt nicht daran, sein Veto aufzugeben; denn am französischen Parlamentssitz hängt Macht und Geld. Erstens versteht sich Paris immer noch gerne, wenn schon nicht als Nabel der Welt, so zumindest als Nabel der EU. Zweitens lässt jede monatliche Sitzung des Parlaments in Straßburg die Kassen klingeln.

Wie viele Parlamente braucht die EU?

Gewisse Länder können sich in der EU eben immer noch alles leisten – auch Steuergelder anderer Mitgliedsländer rücksichtslos in die eigene Tasche zu wirtschaften.
Frankreichs chauvinistischen Sonderwünschen verdanken wir in Straßburg ein eigenes Parlamentsgebäude, das genau achtundvierzig Tage im Jahr benutzt wird: Darin finden sich (nach der Erweiterung) knapp 3.000 Büros, ein Plenarsaal, 47 Konferenzsäle und weitere technische und kollektive Räumlichkeiten. Selbstverständlich müssen die aufwändigen EDV- und Dolmetschsysteme sowie Telekommunikation und Technik, die in Brüssel zur Verfügung stehen, in Straßburg ebenfalls vorhanden sein.
Zweimal im Monat setzt sich zwischen Brüssel und Straßburg (und retour) ein gigantischer Tross in Bewegung. 3.000 Menschen müssen für vier Tage mit Sack und Pack übersiedelt werden: Abgeordnete, Beamte, Assistenten, Dolmetscher, Chauffeure, Hilfskräfte – ja sogar die Trainer des hauseigenen Fitnesscenters. Über ein Dutzend Lastwagen werden allein schon für

den Transport der wichtigsten Akten benötigt. Diese werden in eigenen Blechkisten direkt vor das jeweilige Büro geschafft. In Blechkisten der anderen Art – vorzugsweise im Zug oder Auto – reist das Brüsseler Personal. In Straßburg ist außerdem noch zusätzliches Personal erforderlich.

Foto: Gerhild Hofer

Hans Kronberger mit „Wanderkiste" in seinem Straßburger Büro

317 Tage im Jahr lang bleiben die 185.000 m^2 (der Wohnraum von 2.000 Familien!) des Straßburger Parlaments vollkommen ungenutzt. Dennoch wird weiter ausgebaut: Nach der Erweiterung müssen über hundert neue Abgeordnete mit ihren Mitarbeitern Platz finden. 11 Mio. Euro kostet es, den Straßburger Sitz für die Erweiterung fit zu machen (die gute Nachricht dabei: Die zehn neuen Fahnenmasten wurden von Polen gestiftet). – Kurz und gut: Straßburg ist ein Fass ohne Boden.

Frankreich, der Vetoprofi

„Sie wollen eine Sonderwurst gebraten haben!", rief uns ein norddeutscher Abgeordneter bei einer Parlamentssitzung zu, als wir auf unseren im Beitrittsvertrag festgelegten Transitrechten beharrten. Wichtige Entscheidungen in Brüssel mit einem Veto zu blockieren, hat sich Österreich aber bis dato nicht getraut. Andere Länder haben damit kein Problem – und zwar keineswegs nur dann, wenn es um vitale oder auch nur legitime nationale Interessen geht. Das Einstimmigkeitsprinzip wurde oftmals schamlos ausgenutzt und – wie im Fall Straßburg – ins Absurde getrieben.

Eigentlich hätte das Vetorecht ja vor allem verhindern sollen, dass die „Kleinen" in der EU von den „Großen" überfahren werden; so heißt es zumindest. In der Praxis aber wurde das Veto stets von jenen Ländern am ausgiebigsten eingesetzt, die es sich „leisten" konnten, die sich also nicht davor fürchten mussten, plötzlich allein gegen den Rest der Welt, in diesem Fall: der EU, zu stehen. Das Einstimmigkeitsprinzip stützte daher paradoxerweise gerade die etablierten Interessen der Mächtigen. Im Juni 2003 stoppten etwa die Franzosen mit ihrem Veto die Verhandlungen um die EU-Agrarreform. Sie beriefen sich dabei auf „lebenswichtige nationale Interessen". Ob die Straßburg-Frage wohl auch „lebenswichtig" für die französische Nation ist?

Auch den Bau des neuen, 1999 eingeweihten Straßburger Parlamentsgebäudes hat Frankreich mit der Vetowaffe erzwungen. Um die deutschen Gegner der Straßburg-Lösung mundtot zu machen, drohte die französische Nationalversammlung, eine für Deutschland eminent wichtige Reform zu blockieren: die Aufstockung der Zahl der deutschen EU-Parlamentarier, die der deutschen Wiedervereinigung gerecht werden sollte. Zwei Monate vor den Wahlen zum EU-Parlament 1994 hätte das für Berlin eine Katastrophe bedeutet.

Der Vertrag wurde also unterzeichnet – und zwar über die Köpfe der Parlamentarier hinweg. Bald stellte sich heraus, dass die Unterzeichnung des Vertrags nach EU-Budgetrecht auch noch illegal gewesen war. Da der damalige Finanzkontrolleur Einwände hatte, hatte man einfach „vergessen", seine Zustimmung einzuholen. – Gebaut wurde das Gebäude trotzdem.

EIN BAU MIT 10.000 FEHLERN

Von einem Bau mit über 10.000 Fehlern war die Rede. Gemeint war nicht das Haus Europa, sondern das Straßburger Parlamentsgebäude – erbaut nach demselben Rezept wie die EU: Zuerst erschafft man eine Struktur – dann fragt man sich, ob sie überhaupt funktioniert.

Als der Bau nach elf Monaten Verspätung im Jahr 1999 endlich fertig gestellt war (28.000 Euro pro Tag waren im Vertrag ursprünglich als Strafzahlung im Fall einer Verzögerung vorgesehen), boykottierten zunächst über hundert Abgeordnete die Einweihung. Die Briten hatten zwar vor allem Frankreichs im Zuge der BSE-Krise verhängtes Import-

Foto: European Parliament

Außen hui, innen pfui: das Straßburger Parlamentsgebäude

verbot für britisches Rindfleisch im Visier; viele demonstrierten aber auch ihren Widerstand gegen den Wanderzirkus und das neue Gebäude. Besonders peinlich war die Frage der französischen Parlamentspräsidentin Nicole Fontaine an ihre Begleiter: „Glauben Sie, ich könnte Chirac sagen, dass alle wegen des Rindfleisches protestieren?" Der französische Präsident selbst prophezeite unbeirrt: „Bald wird nichts als Bewunderung für das schöne Gebäude herrschen!"

Allerdings hatte der Generalsekretär des Parlaments bereits eingestanden, dass diese optische Sensation „über 10.000 Fehler" habe. Fundamentale Designfehler waren gemacht worden, die dem mittelmäßigsten Architekten nicht hätten passieren dürfen.

Vor allem im Fach „Funktionales Bauen" würden die Verantwortlichen wohl mit Bomben und Granaten durchfallen. So haben sie keine durchgehenden Lifte zu den Garagen vorgesehen; darunter leiden nicht nur Besitzer schweren Gepäcks, sondern vor allem Behinderte. Über die Luftqualität im Besuchertrakt schrieb ein Parlamentarier an den Quästor: „Wenn das ein Viehstall wäre, würde er wegen Tierquälerei geschlossen werden!" Mit ihrer Lieblingsfarbe Schwarz hatten die Designer nicht gespart, als Ausgleich dafür finden sich in den drei Cafés Teppichböden mit grellbuntem Blumenwiesenmuster. Und in der Pressebar konnte man noch Monate nach der Einweihung Kellnerinnen bei Kerzenlicht Servietten falten sehen, weil man keine Spots angebracht hatte.

Einiges zumindest legte sich mit der Zeit: etwa dass Abgeordnete en masse bei den Sitzungen fehlten, weil sie sich hoffnungslos verirrt hatten (die kryptische Beschilderung machte alles noch viel schlimmer); oder dass sie ihre Bedürfnisse fürs Hotel aufsparen mussten, weil sie nicht sicher waren, hinter welche der beiden Toilettentüren sie gehörten (auf diesen sind künstlerisch gestaltete, aber wenig eindeutige Zeichnungen zu sehen). Und die Lifte! Von Anfang an war klar, dass mit ihnen etwas nicht geheuer sein könne; sie bewegten sich schrecklich langsam und blieben nach undurchschaubaren Gesetzen stehen, so dass aus einer Fahrt vom ersten in das elfte Stockwerk eine kleine Weltreise wurde. Die Parlamentspräsidentin erklomm im September 1999 lieber neun Stockwerke zu Fuß, als sich einer der ominösen Kabinen anzuvertrauen. Als Kommissionspräsident Romano Prodi dann bei der Sitzung nicht erschien, fühlte sie sich bestätigt und vermutete, er wäre im Lift stecken geblieben. Hinzu kommt, dass die Lifte die Zeit, die sie während ihrer Fahrt verlieren, durch die Geschwindigkeit wettmachen, mit der sie sich öffnen und schließen. Wenn nach drei Minuten Warten die Konzentration nachlässt, versäumt man häufig den Einstieg, und das Warten beginnt wieder von vorne.

Gespräch am Gang vor dem Lift im 11. Stock des Ovalpalastes am 16. Dezember 2003: Erster Abgeordneter (Österreich): „Ich warte seit fünf Minuten auf den Lift!" 2. Abgeordneter (Italien): „Ich warte schon auf Weihnachten!" 3. Abgeordneter (Finnland): „Aber Weihnachten kommt sicher!"

„Zu Straßburg auf der Schanz"

Wie oft haben die Parlamentarier (mit Ausnahme der französischen) nicht schon versucht, Paris ein Schnippchen zu

schlagen! Im Jahr 1998 beschlossen sie, nur noch elf statt zwölf Sitzungen in Straßburg abzuhalten. Was war die Folge? Die Franzosen marschierten schnurstracks vor den Europäischen Gerichtshof, beriefen sich auf die ihnen vertraglich zugesicherte Zahl von zwölf Sitzungen – und bekamen Recht.
Das Parlament revanchierte sich im Juni 2000, indem es dafür stimmte, den Freitag als Sitzungstag bei den Plenartagungen abzuschaffen. „Ein Schlag gegen Frankreich!“, empörte sich eine örtliche Politikerin. Es war aber wohl eher der Anschlag auf den Straßburger Geldbeutel, den man nicht so einfach hinnehmen wollte. Und da dem Parlament zu jener Zeit gerade eine französische Präsidentin vorstand, ließ die Initiative für die Wiedereinführung des Freitags nicht lange auf sich warten.
Begleitet wurde dieser französische „Gegenschlag“ von einem Bestechungsversuch der Straßburger Bürgermeisterin: Pünktlich am Tag vor der Abstimmung erhielten sämtliche Abgeordnete einen Brief mit verlockenden Versprechungen: Dem Flughafen würde man eine neue Lounge verpassen, die Infrastruktur wollte man verbessern; ja, die Mandatare sollten sogar auf allen Straßburger Linien gratis fahren dürfen – all das unter einer Bedingung: Die Sitzungen sollten wieder bis Freitag dauern. Die Abgeordneten stimmten gegen den Freitag, und zur Strafe blieb in Straßburg alles beim Alten.

Es ist absurd: Einerseits dürfen EU-Parlamentarier über ihre eigenen Gehälter entscheiden – was mehr als fragwürdig ist; andererseits aber dürfen sie nicht darüber entscheiden, wo sie ihre Sitzungen abhalten wollen und ob in ihrem Namen Millionenbeträge eingespart oder vergeudet werden sollen.
Als das neue Gebäude im Jahr 1999 eingeweiht wurde, präsentierten über 200 Abgeordnete einen offenen Brief an die Regierungschefs und forderten, das Parlament müsse seinen Sitz selbst bestimmen dürfen. Ein Jahr später verabschiedete das Parlament sogar eine offizielle Entschließung, in der es dieses Recht für sich forderte.
Doch die Straßburg-Mafia hat vorgesorgt und Ende 2003 ihren vorläufig letzten großen Coup gelandet: Um zu garantieren, dass das Parlament seinen „Zweitwohnsitz“ noch länger behält, hat Straßburg zu „günstigen Konditionen“, nämlich 445,6 Mio.

Euro, dem Parlament das gesamte Gebäude verkauft. Der Parlamentspräsident unterzeichnete den Kaufvertrag; die Abgeordneten wurden wieder nicht gefragt.
Aber auch innerhalb des Parlaments haben die Straßburg-Gegner eine herbe Niederlage erlitten. Zwar stimmten die Mitglieder des Budgetausschusses im April 2004 fast einstimmig für eine Abschaffung des Straßburger Parlamentssitzes und forderten Parlamentspräsident Pat Cox auf, bei der nächsten Regierungskonferenz darauf zu drängen, dass das Parlament endlich seinen Sitz selbst bestimmen darf. Doch in der Plenarsitzung ging die Abstimmung dann mit knapper Mehrheit für Straßburg aus. Da heißt es also weiterkämpfen ...

Vom Fliegen

Straßburg als zusätzlicher Sitz des EU-Parlaments ist nicht nur unnötig und teuer; es ist zu alledem noch als Parlamentssitz ungefähr so geeignet wie mein Heimatort Admont als Sitz der österreichischen Regierung. Viele hundert Parlamentarier und ihre Mitarbeiter in eine 300.000 Einwohner umfassende Provinzstadt mit einer katastrophalen Verkehrsanbindung zu bringen, kostet Nerven und viel, viel (Arbeits-)Zeit. Die Finnen und Schweden beispielsweise haben keine direkte Flugverbindung nach Straßburg. Das heißt, sie müssen für vier Sitzungstage fast zwei ganze Reisetage in Kauf nehmen. In einer Wahlperiode verwenden sie somit vier Monate allein darauf, nach Straßburg und zurück zu reisen!
Die Österreicher haben es auch nicht viel besser. Pro Tag fliegen nur zwei Maschinen von Wien nach Straßburg, und zwar zu so ungünstigen Zeiten, dass viele von uns nach dem schweizerischen Basel fliegen und dort mit einem vom Parlament entsandten Bus oder Sammeltaxi weiterreisen müssen. Gesamtreisezeit: fünf bis sechs Stunden. Natürlich werden diese vielen Stunden, in denen Europas Volksvertreter nicht arbeiten, sondern am Flughafen, im Flugzeug und im Wagen hocken, nicht von Frankreich gezahlt, sondern von Europas Steuerzahlern.

Die fehlende Richtlinie über die Mindestgröße von Flugzeugsitzen

Straßburg belastet das ohnehin nicht ganz einfache Verhältnis der EU-Abgeordneten zum Fliegen noch zusätzlich. Das wirkt sich natürlich auch auf EU-Gesetze aus. Wenn Europas Politiker beschließen, dass Flugunternehmen in Zukunft für schlechtes Wetter haften sollen, ist das ein offensichtlicher Verzweiflungsakt von Menschen, die mit den ständigen Pannen und Verzögerungen nicht zurande kommen. Aber auch die parlamentarischen Anfragen an die Kommission zeigen Spuren von neurotischen Störungen. So stellte im Jahr 1997 ein hünenhafter Finne folgende schriftliche Anfrage an die Kommission:

„Betrifft: Verabschiedung einer Richtlinie über die Mindestgröße der Sitze für Flugreisende
In der Europäischen Union und beim Parlament hat man sich in letzter Zeit mit Sachlichkeit und Ernst den Tiertransporten gewidmet. Wichtig genommen wurde der Transportraum, der für jedes zu transportierende Tier bereitzustellen ist, ebenso die Fütterung und das Tränken und die Vermeidung einer zu langen Transportzeit.
Weniger Beachtung hat dagegen der als Fluggast reisende Mensch erfahren. Im kommerziellen Linien- und Charterflugverkehr werden die Reisenden auf Veranlassung vieler Unternehmen in Sitze gezwängt, die schon für Personen über 185 cm Körperlänge im Kniebereich untragbar eng sind, und die dadurch bedingten Körperhaltungen beeinträchtigen nach Einschätzung medizinischer Sachverständiger den Blutkreislauf und rufen auch andere Schäden, u.a. Mangelschäden, hervor ... Was beabsichtigt die Kommission zu unternehmen, um die notwendige diesbezügliche Richtlinie zustande zu bringen?“

Gar nichts, antwortete ihm die Kommission: Denn ein Eingreifen seitens der Gemeinschaft wäre nur dann gerechtfertigt, wenn die beschriebenen Mängel zu einer Beeinträchtigung der Sicherheit führen würden.
Man mag enttäuscht sein, dass die EU-Kommission sich so wenig Sorgen um den Komfort ihrer Parlamentarier macht; allein dass Fluggäste mit in Viehwaggons zusammengepferchten Tieren verglichen werden, lässt aber auf einen gewissen Realitätsverlust des Abgeordneten schließen. (Übrigens beschloss die Parlamentsverwaltung vor einigen Jahren, den Mitgliedern des Parlaments einen eigenen Psychologen zur Verfügung zu stellen ...)

Vom Missbrauchen und Enthüllen

Es ist unbestritten: Das Spesensystem für EU-Parlamentarier ist missbrauchbar und daher dringend reparaturbedürftig.

Der Missbrauch beginnt bereits dort, wo ein Parlamentarier sein Gehalt bezieht und nicht jene Leistung erbringt, für die er gewählt wurde: nämlich die Vertretung der Interessen seines Landes in der Europäischen Union. Wer sich der parlamentarischen Arbeit verweigert, dem dürften streng genommen auch nicht die dafür gedachten und vom Parlament finanzierten Mitarbeiter zustehen.

Die pauschalen Tagesdiäten dienen dazu, Hotelrechnungen und andere Aufwendungen zu begleichen, die nicht belegt werden müssen. Dabei ist es ein gravierender Unterschied, ob jemand tatsächlich ein Hotel benutzt und diese Diäten damit widmungsgemäß verwendet, oder ob er sich eine Wohnung in Brüssel kauft, mit den Diäten die Rückzahlungsraten tilgt und sich am Ende der Dienstzeit im Besitz der somit vom Parlament gesponserten Immobilie befindet.

Auch hier gilt wieder: Wer keine parlamentarische Arbeit leistet, kann am besten profitieren. Der Abgeordnete kann in seiner Brüsseler Wohnung leben, die sich „von selbst" finanziert, kann die Infrastruktur des Parlaments (Büro, Telefon und Personal) wofür auch immer nutzen und muss seine Anwesenheit nur durch einen Eintrag in das so genannte „Zentralregister" nachweisen.

Bei der Reisekostenabrechnung schließlich wird die Distanz zwischen Wohnort und Arbeitsort (Brüssel oder Straßburg) pauschal vergütet. Man muss lediglich mittels Bordkarte nachweisen, dass man tatsächlich geflogen ist. Gibt ein Abgeordneter an, das Auto benutzt zu haben, so muss er nicht einmal die Benzinrechnungen vorlegen; es reicht das Ausfüllen eines Formulars. Theoretisch kann ein in Brüssel wohnender Parlamentarier also sogar Kilometergeld für fiktive Reisen in sein Heimatland kassieren.

Zwar hat sich das Abrechnungs- und Kontrollsystem in den letzten sieben Jahren deutlich verbessert (ursprünglich waren überhaupt keine Belege notwendig), doch das reicht bei weitem nicht. Korrekt wäre einzig und allein eine Abrechnung der tatsächlich anfallenden Kosten.

So lange eine radikale Reform des Vergütungssystems für das Parlament, aber auch für Kommission, Rechnungshof usw. nicht verwirklicht ist, gibt es, zumindest für Europas Volksvertreter, nur eine Form der Transparenz: die von ihnen selbst praktizierte Offenlegung. Diese hat meines Wissens außer mir bisher nur der grüne Abgeordnete Johannes Voggenhuber im Jahr 1999 gefordert.

Womit wir bei der Causa prima des EU-Wahlkampfes 2004 wären: Hans-Peter Martin, der „Aufdecker“, hat die allgemein bekannten und immer wieder kritisierten Schwachstellen kurz vor Ende seiner Legislaturperiode „enthüllt“ – angereichert durch die Veröffentlichung von Interna aus der sozialdemokratischen Fraktion, der er selbst angehört hat; deren Mitglieder wurden von ihm mithilfe versteckter Tonbänder und Kameras heimlich aufgenommen und bloßgestellt.

Durch den entstandenen Medienrummel trägt Martin mit Sicherheit dazu bei, dass die Schwachstellen im Bereich des Abrechnungssystems möglichst bald korrigiert werden. Nicht gelöst wird dadurch das Problem, dass ein Abgeordneter auch dann bezahlt wird, wenn er so gut wie keine parlamentarische Leistung erbringt.

Hinzugefügt muss allerdings werden, dass Martin sich im Unterschied zu vielen anderen Abgeordneten niemals ernsthaft für die Verbesserung des Systems eingesetzt hat. Einmal stimmte er sogar als einziger Österreicher für die pauschalierte Reisekostenabrechnung. Und selbst beim bahnbrechenden Transparenzvorstoß im April 2004, dem so genannten Van-Hulten-Bericht, war Martin bei der Abstimmung nicht einmal anwesend. Dabei wurden darin genau jene Forderungen erhoben, die Martin zeitgleich in den Medien lancierte. Er gehört damit nicht zu denjenigen, die für ein zukunftsträchtiges Modell einer klaren Abrechnung gestimmt haben. Unklar ist schließlich, warum er weiterhin standhaft eine lückenlose Offenlegung seiner eigenen Abrechnungen und Anwesenheitszahlen verweigert.

Sinnvolle Lösung

Bereits bei meiner ersten Reisekostenverrechnung im November 1996 fiel mir auf, dass die Form der pauschalen Abrechnung sehr fragwürdig ist. Meine persönliche Lösung bestand darin, einen Teil meines Gehalts für die Förderung der Umweltberichterstattung zu stiften. Der Preis ist mit 11.000 Euro dotiert und wurde von einer unabhängigen Jury inzwischen sieben Mal vergeben. Damit sind mittlerweile mehr als 70.000 Euro, also über eine Million Schilling, in einen, wie ich meine, überlebenswichtigen Bereich geflossen.

III.
WENN DAS DER WÄHLER WÜSSTE ...

Gefangen in der Fraktionsfalle

Das Europaparlament tut etwas nicht, was alle nationalen Parlamente tun: Es ernennt keine Regierung. Manche sehen das als eine der größten Schwächen der europäischen Volksvertretung. Man kann es aber auch anders sehen: nicht nur, weil eine europäische Regierung kein besonders attraktiver Gedanke ist; auch, weil EU-Abgeordnete dadurch in ihren Entscheidungen bedeutend freier sind als ihre Kollegen in den nationalen Parlamenten. Eine Regierung, die es nicht gibt, muss man auch nicht unterstützen; man erspart sich die starren Koalitionen zwischen Regierung und Opposition und den ewigen parteipolitischen Kleinkrieg zwischen ihnen. Wer für, wer gegen etwas ist, das entscheidet sich von Fall zu Fall neu.
So gesehen, könnte man denken, kommt kein Parlament dem demokratischen Ideal näher, dass die Mandatare direkt und nur ihren Wählern verpflichtet sind. Theoretisch stimmt das. In der Praxis aber steht zwischen einem Parlamentarier und seinem Wähler noch eine dritte „Partei“: die Fraktion.

Wohlauf – ohne Fraktion

In Wahlkampfzeiten sind die Mitbewerber anderer Parteien stets besonders „nett“. Sowohl bei der Wahl 1996 als auch 1999 wiederholten sie gebetsmühlenartig, wir freiheitliche EU-Abgeordnete könnten in Brüssel nichts bewegen, da wir in keine Fraktion eingebunden seien. Richtig daran ist nur, dass dieser Status und das grundsätzliche Misstrauen, das uns entgegengebracht wurde, vorübergehend hinderlich waren. Aber dieser Zustand hielt nicht lange an. Bereits nach drei Monaten erhielt ich im Umweltausschuss die Stellungnahme zum Grünbuch für Erneuerbare Energieträger zugeteilt, die dann auch einstimmig beschlossen wurde. Von da an ging es steil bergauf. Gerade in den Sanktionszeiten im Jahr 2000 wurden mir die schönsten Rosinen zugesteckt – etwa die Binnenmarktrichtlinie für Elektrizität und andere Richtlinien zu meinem Spezialgebiet, den Erneuerbaren Energieträgern. In

Summe hat sich die Fraktionslosigkeit und damit auch die Freiheit, unabhängig über das eigene Abstimmungsverhalten zu entscheiden, als großer Vorteil erwiesen. In den sieben Jahren meiner parlamentarischen Arbeit wurden mir mehr Dossiers zugesprochen als den übrigen im Ausschuss vertretenen Österreichern zusammen; diese Berichte und Stellungnahmen wurden bis auf einen einzigen mehrheitlich angenommen.
Zumindest im Umweltausschuss richten sich viele Abgeordnete bei ihrem Stimmverhalten nicht so sehr nach den Vorgaben ihrer Fraktionen, sondern nach Inhalt und Qualität der Texte. Ein Beispiel: Mein Bericht zur Luftreinhaltung in Bezug auf Schwermetalle erhielt nur deswegen eine Mehrheit, weil zwei konservative Abgeordnete zu meinen Gunsten gegen die eigene Fraktion stimmten. In einem anderen Fall war eine einzige Stimme, nämlich meine, dafür ausschlaggebend, dass ein für die Umwelt zerstörerisches Milliarden-Projekt – nämlich die Umleitung des spanischen Ebro-Flusses zur Versorgung einer gigantischen Feriensiedlung – nicht zustande kam. Was zeigt, dass auch die Stimme eines Fraktionsfreien für das Anliegen einer Fraktion – in diesem Fall der grünen – entscheidend sein kann.

Zwei Große und fünf Kleine

Die Fraktionen im Europäischen Parlament sollen als politische Auffangbecken von ideologisch gleich oder ähnlich gesinnten Abgeordneten bzw. Delegationen dienen. Sie entsprechen, vereinfacht ausgedrückt, dem, was auf nationaler Ebene die Parteien sind. Insgesamt gibt es sieben Fraktionen sowie jene Mandatare, die als fraktionsfreie parlamentarische Einzelkämpfer agieren.
Die zwei großen „Platzhirsche" sind die Fraktion der Europäischen Volkspartei (EVP, ihr gehören die ÖVP-Abgeordneten an) und die Fraktion der Sozialdemokratischen Partei Europas (SPE, zu ihr gehören unsere Sozialdemokraten). Sie bestimmten in den letzten Jahrzehnten die politische Landschaft im Europaparlament ähnlich wie SPÖ und ÖVP zu Zeiten der großen Koalition jene in Österreich: mit dem Unterschied aber, dass sie mindestens ebenso häufig gegen- wie miteinander stimmen. EVP und SPE beherbergten 1979 54 Prozent der Abgeordneten; zwanzig Jahre später waren es schon 66 Prozent, und mit der

Erweiterung wird sich der prozentuale Anteil noch verstärken. Parallel zu dieser Entwicklung wurde aber auch das Abstimmungsverhalten innerhalb der jeweiligen Gruppierung immer einförmiger, wie eine britische Studie 2001 gezeigt hat. Das bedeutet nicht nur, dass diese Fraktionen mittlerweile besser organisiert und effizienter sind; es bedeutet auch, dass die Meinungsvielfalt, wenn nicht gar die Meinungsfreiheit im EU-Parlament zunehmend zwei beherrschenden Blöcken zum Opfer zu fallen droht. Die Problematik verschärft sich noch dadurch, dass die großen Fraktionen dem Lobbying mächtiger Konzerne und Interessensvertretungen besonders ausgesetzt sind. Und ihre Mitglieder riskieren mit einem abweichenden Abstimmungsverhalten, als „schwarze Schafe" sanktioniert zu werden.

DIE SIEBEN FRAKTIONEN DES EU-PARLAMENTS

(Stand 17. April 2004)

Partei/Fraktion	Abgeordnete
Europäische Volkspartei/Christdemokraten (EVP)	*231*
Sozialdemokratische Partei Europas (SPE)	*173*
Liberale und Demokratische Fraktion Europas (LIBE)	*52*
Vereinigte Europäische Linke (KVEL)	*48*
Die Grünen (GRÜ)	*44*
Union für das Europa der Nationen (UEN)	*23*
Europa der Demokratien und Unterschiede (EDU)	*18*
Fraktionslose Abgeordnete (FL)	*32*

Fehlkreuzungen ...

Die beiden großen Fraktionen sind noch aus einem anderen Grund Fehlkonstruktionen – und zwar, weil sie ganz einfach Fehlkreuzungen sind. Sie sind ein Sammelsurium von Genossen, die sich teilweise miteinander hoffnungslos unwohl fühlen. Sozialist ist eben nicht Sozialist, und Welten liegen zwischen den überangepassten britischen Labour-Mandataren und ihren ungleich radikaleren französischen Genossen. Die großen Fraktionen haben sich nicht aufgrund einer gemeinsamen

„Vision" von Europa zusammengeschlossen; sie bauen auf verstaubten Strukturen auf und sind damit eigentlich gar nicht „europareif". Eine besonders absurde Verbindung findet man in der Fraktion der Europäischen Volkspartei: Da sitzen die britischen Konservativen, die an Euroskepsis kaum zu übertreffen sind, inmitten lauter EU-begeisterter Christdemokraten.

... und Zweckehen

Dass etwa die aufsässigen Tories in den letzten Jahren nicht daran dachten, sich von der konservativen EVP-Fraktion abzusetzen, hat einen guten Grund. Auf die großzügigen Ressourcen, die die Fraktion für ihre Mandatare bereithält, will man doch nicht so gerne verzichten. Fraktionen sind nämlich nicht zuletzt Zweckehen; was sie zusammenhält, ist Macht und Geld. Über 30 Millionen Euro an Steuergeldern erhalten die Gruppierungen jährlich von der Parlamentsverwaltung. Noch dazu war die Verwendung dieser Gelder bislang höchst undurchsichtig. Fünf bis zehn Prozent der Fraktionsgelder wurden jährlich quasi unter der Hand für gesamteuropäische Parteien wie etwa die Sozialdemokratische Partei Europas abgezweigt, die damit ihre Infrastruktur oder politische Kampagnen finanzierten. Auch indirekt wurden diese Parteien vom Steuerzahler finanziert: Sie waren im Parlament untergebracht, konnten Angestellte der Fraktionen für sich beanspruchen und die Übersetzungsdienste des Parlaments nützen.

DER DEAL DER TORIES

Die britischen Konservativen haben Anfang dieses Jahres mit dem deutschen Vorsitzenden der EVP, Hans-Gert Pöttering, einen Deal ausgehandelt. Ihre Vorstellungen über die EU seien einfach zu unterschiedlich, erklärten die Tories: „Nicht, dass wir die Europäer hassen. Wir wollen nur nicht dasselbe politische System oder dieselben Gesetze haben wie sie." Nun genießen sie offiziell das Recht, innerhalb der Fraktion ihre eigenen Vorstellungen von Europa zu vertreten. Nur Mandatare eines der einflussreichsten EU-Länder können es sich leisten, gegen den Fraktionsstrom zu schwimmen. Abgeordneten aus kleineren Ländern sind solche Sonderregelungen nicht vergönnt. Für unsere ÖVP-Mandatare etwa heißt es „mitmachen oder draußen bleiben".

Von Ab- und Zustimmungen

Bei den Abstimmungen im EU-Parlament passieren die schlimmsten Dinge: Ein Abgeordneter bemerkt nach fünf Monaten, dass seine Stimme nie registriert wurde, weil seine Abstimmungsmaschine die ganze Zeit über defekt war; ein anderer stimmt aus Versehen gegen seinen eigenen Änderungsantrag; ein dritter – nämlich Hans-Peter Martin – stimmt für etwas – und zwar die pauschale Reisekostenabrechnung für EU-Mandatare –, was er zeitgleich in der Boulevardpressse zu bekämpfen vorgibt (er hat den Änderungsantrag nicht verstanden). Das sind aber Ausnahmen: Kein Ausnahmefall sind die vielen, vielen Abgeordneten, die immer wieder blindlings und unreflektiert mit ihrer Fraktion mitstimmen.

Eine besondere Rolle dabei spielen die so genannten namentlichen Abstimmungen. Sie können von Parlamentariern für einen einzelnen Änderungsantrag oder einen ganzen Bericht eigens beantragt werden. In diesem Fall wird das Stimmverhalten jedes Parlamentariers namentlich registriert. Dieses Verfahren dient häufig als Druckmittel; die großen Fraktionen vermindern damit das Risiko, dass ihre Mitglieder heimlich aus der Fraktionslinie ausscheren.
Namentliche Abstimmungen bedeuten aber auch, dass jeder Bürger das Stimmverhalten seiner Abgeordneten nachprüfen kann; die Ergebnisse stehen sogar im Internet. Mit diesem Mittel können Parlamentarier also auch daran gehindert werden, für etwas zu stimmen, was sie vor ihren Wählern nicht verantworten könnten.
Das Phänomen, dass österreichische Mandatare im fernen Brüssel für Dinge eintreten, mit denen sie sich zuhause nicht vor ihre Wähler trauen würden, findet sich dennoch immer wieder – und ganz speziell in einer der vier österreichischen Delegationen. Im Folgenden eine kleine Auswahl, die auch zeigt, dass österreichisches Stimmverhalten wahlentscheidend sein kann – in diesem Fall muss man sagen: leider.

Uranmunition

13. Februar 2003:
Die ÖVP stimmt als einzige österreichische Delegation gegen das Aussetzen der Verwendung von Uranmunition, die etwa im Irak und im Kosovo für unzählige Krebstote, Fehl- und Missbildungen verantwortlich ist.

„[Das Parlament] fordert die Mitgliedstaaten – um ihrer Führungsrolle voll gerecht zu werden – auf, unverzüglich ein Moratorium über die weitere Verwendung von Streumunition und Munition mit abgereichertem Uran (und sonstigen uranhaltigen Sprengköpfen) zu beschließen, das gelten soll, bis die Schlussfolgerungen einer umfassenden Untersuchung der Erfordernisse des internationalen Völkerrechts vorliegen." ÖVP: Nein

DAS ZÜNGLEIN AN DER WAAGE

Im Februar 2001 wurde im Industrieausschuss über eine verbindliche Reduktion des Energieverbrauchs um 18% bis 2010 abgestimmt – eine Forderung, die ich auch im Rahmen einer Stellungnahme eingebracht hatte. Die Abstimmung brachte gleich viele Ja- wie Nein-Stimmen – und der Antrag galt damit als abgelehnt. Wer war das Zünglein an der Waage? Ein ÖVP-Kollege, der mit Nein gestimmt hatte ...

Atomenergie

13. November 1996:
Die ÖVP stimmt gegen einen Antrag, den EURATOM-Vertrag zur Förderung der Atomenergie auslaufen zu lassen.

„[Die Gemeinschaft wird] die Förderung der Kernenergie einstellen und den EURATOM-Vertrag im Jahr 2002 dahin gehend ändern, dass der sichere Abbau der Kernreaktoren und die sichere Lagerung der Nuklearabfälle die einzige Aufgabe von EURATOM wird." ÖVP: Nein

24. Oktober 2000:
Die ÖVP stimmt gegen eine Initiative, faire Wettbewerbsbedingungen für Erneuerbare Energien zu schaffen. Aufgrund ihres Stimmverhaltens wird der Antrag mit 244 gegen 237 Stimmen abgelehnt.

„[Das Parlament] dringt darauf anzuerkennen, dass öffentliche Mittel und andere Vorrechte für erneuerbare Energieträger keine staatlichen Beihilfen darstellen, solange sie lediglich zum Ausgleich für die Wettbewerbsnachteile dieser Energieformen gegenüber anderen Energieformen dienen, bei denen die externen Kosten nicht vollständig in den Preisen enthalten sind." ÖVP: Nein

24. September 2003:
Die ÖVP stimmt gegen eine Revisionskonferenz zu EURATOM.

„[Das Parlament] fordert die Regierungskonferenz nachdrücklich auf, eine Konferenz zur Revision dieses Vertrags einzuberufen, um überholte und nicht mehr zutreffende Bestimmungen, insbesondere hinsichtlich der Förderung der Atomenergie und des Fehlens demokratischer Beschlussfassungsverfahren, aufzuheben." ÖVP: Nein

Wasserliberalisierung

11. März 2004:
Die ÖVP stimmt als einzige österreichische Delegation gegen die Forderung, die Wasserversorgung von den Regeln des freien Binnenmarkts auszunehmen.
Bericht zur Binnenmarktstrategie 2003-2006:

„[Das Parlament] ist der Auffassung, dass die Bewirtschaftung der Wasserressourcen nicht den Regeln des Binnenmarkts unterliegen darf, da Wasser ein gemeinsames Gut der Menschheit darstellt." ÖVP: Nein

MIT DEN WÖLFEN HEULEN

Hitzig ging es rund um den Irakkrieg im Europäischen Parlament zu. Der Vorsitzende der konservativen Fraktion, Hans-Gert Pöttering, erklärte im Februar 2004: „Unsere Fraktion ist sehr entschieden der Meinung, dass Massenvernichtungswaffen in den Händen von Saddam Hussein eine Gefahr für die Region und eine Gefahr für den Frieden in der Welt sind." Baroness Nicholson von Winterbourne, eine Liberale, wusste, dass Saddam Hussein die Mittel habe, um seine „Massenvernichtungswaffen" über die irakischen Staatsgrenzen zu schaffen, und machte für den internationalen Terror „Saddams private Terrorarmee" verantwortlich. Der englische Konservative Jonathan Evans schließlich lobte sein Land und Amerika, „denen die schwere und gefährliche Aufgabe zugefallen ist, Saddam Hussein die Massenvernichtungswaffen zu entreißen". Zwei Monate später ließ der konservative Fraktionsvorsitzende kleinlaut verlauten: „Bisher hat man keine Massenvernichtungswaffen gefunden. Ich empfehle, dass man weitersucht, denn das war die Grundlage auch für die Intervention, und das berührt natürlich auch die Glaubwürdigkeit von Politik ..." – Tatsächlich!

Die vierte Macht

Entscheidungen fallen in Brüssel im Dreieck der Institutionen Kommission, Rat und Parlament. Sagt man. In Wirklichkeit gibt es noch eine vierte Macht, von deren Wirken weit weniger an die Öffentlichkeit dringt: die Lobbyisten.

„Organisierte gesellschaftliche Kräfte“ nennt man sie auch. Unter ihnen finden sich Umweltschutz- oder Verbraucherorganisationen, Gewerkschaften oder nationale Agrarverbände; oder auch nur eine Ein-Mann-Vertretung der deutschen Kugelschreiberhersteller. Zu ihnen gehören aber auch große internationale Konzerne und Industrieverbände, wie zum Beispiel der Verband der europäischen Chemiewirtschaft (CEFIC) oder EUROCHAMBRES, die europäische Dachorganisation der Industrie- und Handelskammern. Der österreichische Sparkassenverband, die Bank Austria, die AUA, die österreichische Notariatskammer und etliche andere österreichische Unternehmen haben ihre eigene ständige Vertretung in Brüssel.

Einige Lobbys, vor allem die kleineren, begnügen sich damit, ihre Positionen und Interessen mehr oder weniger geschickt in Brüssel vorzubringen. Andere wollen mehr. Sie sehen sich selbst als „vierte Macht“, als viertes unverzichtbares Rad am EU-Wagen, und ihre Aufgabe darin, entstehende Gesetze oder Entscheidungen mit allen erlaubten oder auch unerlaubten Mitteln zu ihren Gunsten zurechtzubiegen. Tatsächlich verkommt Brüssel immer mehr zu einem politischen Supermarkt, in dem Gesetze und Entscheidungen dem Spiel von Angebot und Nachfrage unterliegen. Die Nachfrage sollte dabei eigentlich von denen kommen, für die Politik gemacht wird: von den Bürgern. Aber die Realität sieht radikal anders aus. Die stärksten Lobbyisten sind jene, die viel Geld und viele Ressourcen haben – und in der Regel den Interessen einiger weniger in die Hände spielen.

Um die 2.600 Interessensgruppen verfügten im Jahr 2000 über ein ständiges Büro in Brüssel. Darunter sind zweihundert multinationale Konzerne. Sie wissen, dass sie hier unmittelbaren Zugang zu den Hebeln der Macht haben. Außerdem gibt es in Brüssel auch noch etliche kommerzielle Lobbyagenturen. Deren Mitarbeiter sind keiner Firma und keiner Überzeugung verpflichtet; sie sind auf EU-Recht spezialisiert und vertreten für Geld beliebige Klientelinteressen. Ihre Dienste werden zunehmend von der Wirtschaft – etwa japanischen oder US-Unternehmen – in Anspruch genommen.

Die „Einsager" der Kommission

In Brüssel begegnet man tollpatschigen „Hobby-Lobbyisten" ebenso wie mit allen Wassern gewaschenen Profis. Nur Letztere können gefährlich werden. Sie sitzen in einem fein gesponnenen Netz an Kontakten; nichts entgeht ihnen; und sobald sie die erste Bewegung spüren – etwa wenn sich Überlegungen für eine neue Richtlinie regen –, werden sie aktiv. Ihr Belagerungsobjekt Nummer eins: die EU-Kommission. Deren Beamte sind die Kanäle, über die Konzerne und Industrielobbys ihre Interessen in neue Gesetzesvorschläge infiltrieren.

Lobbying in Brüssel ist ein explosiver Cocktail, in dem sich berufliche und persönliche Beziehungen untrennbar vermischen.
Devise eins dabei lautet: Besser und früher informiert sein als alle anderen. Immer wieder kommt es vor, dass Industriebosse sich bei Konferenzen über Details eines neuen Gesetzesentwurfs der Kommission auslassen, den die Parlamentarier noch nicht einmal zu Gesicht bekommen haben. Die Vorarbeit dafür beginnt im Kleinen: Braucht ein Lobbyist einen Namen, eine Telefonnummer? Das erledigt sich in der Regel etwa, indem man mit dem zuständigen Kommissionsbeamten auf eine Pizza geht; aber auch die Nachtclubs der EU-Hauptstadt gelten als lohnende Adresse.

Devise zwei: So früh wie möglich eingreifen. Gute Lobbyisten sind wie nur wenige vertraut mit dem Innenleben der Brüsseler Behörden, deren komplizierten Abläufen und Zuständigkeiten. Die Kunst des Lobbyings, hat die ehemalige EU-Kommissarin Edith Cresson einmal gesagt, sei es, „das richtige Dossier im richtigen Moment auf den richtigen Schreibtisch zu legen". – Sie muss es wissen; sie war jene Skandal-Kommissarin, die im Jahr

1999 wegen Urkundenfälschung und Vetternwirtschaft zurück- und im Jahr 2003 vor Gericht treten musste ...

Devise drei: Eine Hand wäscht die andere. Sehr oft müssen hoch technische und spezialisierte Bereiche auf politischer Ebene geregelt werden. Die Industrie beeilt sich dann, der Kommission mit Experten bei der Hand zu sein. Ein guter Lobbyist weiß, welche Informationen für einen Beamten hilfreich sind. Das können Marktdaten, Berechnungen, Expertisen sein. Derlei Sachwissen dient als „Trojanisches Pferd", mit dem eigene Interessen in die EU-Politik hineingeschmuggelt werden.

Die wirklich großen „Hechte" unter den Lobbyisten haben es gar nicht nötig, sich bei untergeordneten Beamten einzuschmeicheln. Haben Sie zum Beispiel je vom ERT gehört? So lautet die Abkürzung für den einflussreichsten Lobbyverband transnationaler Unternehmen auf europäischer Ebene – den „Europäischen Runden Tisch der Industriellen". An ihm kommen Vertreter der größten Wirtschaftsunternehmen Europas zusammen. In regelmäßigen Treffen mit dem Kommissionspräsidenten der EU bringen die Mitglieder ihre Ideen, Konzepte und Vorschläge zur Sprache, ebenso wie in halbjährlichen Treffen mit der Regierung, die jeweils den Vorsitz im Rat innehat. Der ERT veröffentlicht Studien und Politikrichtlinien – häufig unmittelbar vor Konsultationsgesprächen mit der Kommission oder EU-Gipfeln. Das Konzept des Europäischen Binnenmarktes zum Beispiel fußt auf einer entsprechenden Vorlage, die am Runden Tisch ersonnen wurde.

Die Einführung des Euro hat der ERT ebenfalls maßgeblich gefördert – kein Wunder: Große Handelskonzerne profitieren vom Wegfall der Währungsgrenzen besonders. Der Runde Tisch hat aber auch maßgebliche verkehrspolitische Entscheidungen der EU vorweggenommen. Die so genannten Transeuropäischen Netze sind im Wesentlichen sein Werk. Wie würde unsere

Verkehrspolitik heute aussehen, hätte die EU-Kommission andere „Einsager" …

Die Eroberung des Parlaments

Erst in den letzten Jahren, parallel zu seinem steigenden Einfluss, hat sich das Parlament immer mehr zum Tummelfeld der Lobbyisten entwickelt: Sie lauern den Abgeordneten spätnachts nach einer Sitzung auf; sie stehen plötzlich ohne Voranmeldung im Büro; sie bitten telefonisch um dringende Treffen und marschieren dann womöglich mit zwanzig Kollegen auf, um ihren Gesprächspartner einzuschüchtern; sie drängen dem für das umkämpfte Dossier zuständigen Berichterstatter ihre „Mitarbeit" auf; sie schicken kleine Aufmerksamkeiten, laden zu „Diskussionen" mit exklusiven Abendessen; sie bedrängen die Abgeordneten unmittelbar vor Abstimmungen. Legendär ist etwa der Telefon- und Briefterror, den die Pharmaindustrie vor der Abstimmung zur EU-Biotechnologie-Richtlinie im Jahr 1998 inszenierte.

Aber die großen Lobbyverbände lassen ihren Einfluss schon viel früher spielen: Sie gehen sogar so weit, intern die Gesetzesverfahren zu beeinflussen, indem sie zum Beispiel kritische Parlamentarier als Berichterstatter zu verhindern versuchen.

Eine der größten Umwelt- und Gesundheitsreformen in der Geschichte der EU, die neue Chemikalien-Richtlinie, die derzeit von Parlament und Rat behandelt wird, droht von den Lobbyistenhaien der Chemieindustrie bis auf die Knochen abgenagt zu werden. Im Parlament transportiert die Chemielobby ihre Interessen vor allem über die konservative Fraktion, die Europäische Volkspartei. Deren Intrigen ist es zu verdanken, dass das Parlament erst nach der Erweiterung über die Richtlinie abstimmen wird; mit den ab 1. Mai herrschenden industriefreundlichen Mehrheitsverhältnissen ist garantiert, dass die Chemieindustrie durch das neue Gesetz keine großen „Kratzer" abbekommt.

Von dummen Lobbyisten

Auch wenn die Lobbyisten oft wertvolle Informationsarbeit leisten: Wenn sie ihre Mission überziehen, was ebenso häufig vorkommt, können sie lästig bis unerträglich sein. Als ich Ende 2003 den Bericht zur Luftreinhalterichtlinie verfasste, lagerten zwei übereifrige Vertreter der Stahlindustrie sowohl um sieben Uhr früh als auch um zehn Uhr abends vor meiner Tür. Hyperaktiv sind für gewöhnlich auch die Atombefürworter. Ein besonderes Erlebnis war es aber, als ich einmal an der Bar des Hotel Marriott zufällig Zeuge eines Lobbyistengesprächs wurde. Eine Gruppe von fünf Vertretern der deutschen Zementindustrie hatte sich eingefunden und ließ nach ein paar Schlucken Bier fröhlich den Alltag Revue passieren. Es ging um einen Bericht zur Abfallverbrennung, über den am nächsten Tag im Umweltausschuss abgestimmt werden sollte. Um ihre Positionen durchzusetzen, hatten die Lobbyisten Abgeordnete zu einem noblen Abendessen geladen. Die Stimmung musste dort gut gewesen sein, denn man war ganz begeistert, wie einfach es sei, Parlamentarier gegen strenge Grenzwerte bei der Verbrennung einzunehmen. „Man braucht sie nur gut zu füttern, dann funktionieren sie schon", erklärte einer unüberhörbar.

Am nächsten Tag bei der Abstimmung muss das bittere Erwachen gekommen sein. Alle Anträge, die die Zementindustrie durchsetzen wollte, fielen durch. Was die Schlaumeier nicht bedacht hatten: Zu besagtem Abendessen waren nur jene Mandatare gekommen, die ohnehin auf Seiten der Industrie standen.

Die Spießgesellen der Lobbyisten

Die aggressive Einflussnahme von Interessensverbänden auf EU-Mandatare wächst zusehends; denn das Parlament ist nicht nur wichtiger als früher, es ist zugleich leichter zugänglich als Rat und Kommission. Jährlich kommt es schätzungsweise zu 70.000 individuellen Kontakten zwischen Lobbyisten und Mitgliedern des Europäischen Parlaments. Und es gibt Abgeordnete, die sich nicht nur Änderungsanträge, sondern ganze Berichte und Stellungnahmen von Industrielobbyisten diktieren ließen. Die „Anfälligkeit" des Parlaments erhöht sich noch durch den Umstand, dass die Mandatare im Unterschied etwa zu Ministerien oder zur Kommission kaum Experten bei der Hand haben. Lobbyisten sind nur allzu gerne bereit, diesem Manko mit „Fachwissen" abzuhelfen. Frei-

lich ist dieser Aspekt nicht ausschließlich negativ zu sehen: Große Umweltorganisationen etwa – wie Greenpeace, Global 2000 oder auch das Europäische Umweltbüro (EEB), das insgesamt fast 1.600 nationale, regionale und lokale Umweltgruppen vertritt – bewirken mit ihrem Expertenwissen viel Gutes in Brüssel.
Die schlimmsten „Trojanischen Pferde" aber sind die, die selbst im Parlament sitzen. Für einige Mandatare ist ihr Arbeitsort nur ein angenehmer und prestigeträchtiger Rastplatz am Rand ihrer Industrie-Laufbahn. Sie verbinden ihre Arbeit in Brüssel mit Jobs etwa bei Peugeot, Bertelsmann oder dem Nuklearkonzern Novo Nordisk. Auch wenn es strenge Regeln gibt, um zu verhindern, dass Abgeordnete als Anwälte ihrer eigenen Interessen agieren, finden sie immer wieder Hintertürchen. Zu diesen gehören zum Beispiel die so genannten „Intergroups": Diese Diskussionsforen dienen dem Gedankenaustausch Interessierter zu den skurrilsten selbst gewählten Themen wie etwa Keramik, Schiffbau oder Bungee-Jumping. Sogar eine Pferde-Gruppe gab es einmal, weil ein britischer Mandatar der Meinung war: „Pferde sind wirtschaftlich, landwirtschaftlich und sozial bedeutsam." Unter diese harmlosen Varianten mischen sich aber Gruppierungen, die von mächtigen „Hintermännern" finanziert werden. Die Nuklearindustrie beispielsweise sponsert eine „Energie"-Gruppe; und es ist ein offenes Geheimnis, dass dieser Zirkel maßgeblich die Politik im Energieausschuss des Parlaments bestimmt.

Die kleinen Siege über die Großen

Für kleine Interessensgruppen ist die Kommission mit Garantie der falsche Ansprechpartner. Transnationale Lobbys und globale Konzerne in Monopolstellungen haben einen undurchlässigen Ring um den Kommissionspräsidenten und seine Untergebenen geschmiedet. So kommt es immer öfter vor, dass das Parlament als Anwalt der Schwächeren auftritt und sich zum Beispiel mit Bürgerinteressensgruppen gegen die Kommission verbündet – zum Teil aus eigenen Stücken, zum Teil erst, wenn die Wähler ihren EU-Vertretern einen ordentlichen „Stupser" geben. Ein brisantes Beispiel ist die Schlacht um die Patentierbarkeit von Computer-Software, die im Jahr 2003 zwischen Kommission, Rat und Parlament geschlagen wurde. Unzähligen

Freiberuflern und klein- und mittelständischen Unternehmen hätte die vorgeschlagene Regelung zugunsten von Microsoft und Co. den Todesstoß versetzt. Das Parlament wurde damals mit einer nie da gewesenen Protestwelle von Briefen, E-Mails und Telefonaten überschwemmt, und die Mandatare erteilten den Vorschlägen der EU-Kommission schließlich eine Absage.
Es gibt aber auch Fälle, in denen Bürger von Firmen schändlich für Lobbying-Zwecke missbraucht werden. So versuchte zum Beispiel die große britische Warenhauskette „Holland and Barrett“, mithilfe ihrer Kunden eine neue Richtlinie über traditionelle pflanzliche Heilmittel zu hintertreiben. Sie legte in all ihren Geschäften eine Petition zur Unterschrift auf, in der die geplanten Neuerungen als Angriff auf die Wahlfreiheit des Konsumenten dargestellt wurden. In Wirklichkeit fürchtete man nur um die eigenen vorgeblich gesundheitsfördernden Substandard-Produkte, die nicht den neuen Qualitätsanforderungen genügt hätten …

Münchhausen aus Niederösterreich

„Wenn jemand eine Reise tut, so kann er was verzählen", heißt es im Gedicht „Urians Reise um die Welt" vom Lyriker Matthias Claudius. Es gibt natürlich auch Reiseliteratur, deren Wahrheitsgehalt zu hinterfragen ist. Ich denke da etwa an Baron Münchhausen; und selbst Marco Polo soll, zumindest nach Meinung gewisser Forscher, ein ziemlicher Schwindler gewesen sein. Nicht ganz so literarisch zwar wie die historischen Vorbilder, aber ebenfalls voll blühender Fantasie zeigte sich im Winter 2003 ein Landesrat aus Österreich, seines Zeichens zuständig für Umwelt. Einer Presseaussendung des guten Mannes konnte man entnehmen, dass er in Brüssel gewesen sei und dort mächtig Umweltlobbying betrieben habe. Auf seiner Aufgabenliste standen „aktuelle Umweltthemen wie die Endlagerung nuklearer Abfälle, grenzüberschreitende Effekte von Umweltverträglichkeitsprüfungen und die Umwelthaftung". (Alle Achtung, ein ehrgeiziges Programm!) Und weiter: „In Gesprächen mit der Kommission wurde festgelegt, dass bei Störfällen in Atomkraftwerken die Betreiber der Atomkraftwerke für etwaige Schäden im In- und Ausland haften müssen." Zufrieden kehrte der Weltenbummler nach Österreich zurück und verriet noch ein Geheimnis: „Auch einheitliche Sicherheitsstandards für Europas Atomkraftwerke könnten schon im nächsten Jahr vorliegen!"

Na Bumsti – fährt da einer für drei Tage nach Brüssel und räumt gleich mit allen Problemen auf, die seit Jahren anstehen! Dass die Kommission für die Umwelthaftung mit Sicherheit der falsche Ansprechpartner war, da diese Richtlinie zu jener Zeit gerade in zweiter Lesung im Parlament behandelt wurde, und dass dort ebenso hart wie erfolglos um sinnvolle einheitliche Sicherheitsstandards für Atomkraftwerke gerungen wurde, störte den tapferen Politiker nicht. Auch nicht, dass gerade die Kommission mit allen Mitteln die Atomhaftung aus der Umwelthaftung ausnehmen wollte – ein Skandal ersten Ranges, gegen den wir Atomgegner im Parlament seit langem massiv ankämpften. Herr Landesrat aber kam nach seinem dreitägigen Besuch heim nach Österreich und erklärte seinen staunenden Bürgern, er habe die Probleme gelöst.
Zu solchen „Hobby-Lobbyisten" kann man nur sagen: Kommen Sie bald wieder, es gibt noch viel zu tun in Brüssel; bleibt nur zu hoffen, dass beim nächsten Mal jemand merkt, dass Sie überhaupt da waren.

VON MAG. EVA HAUBNER

Luftschlacht im Umweltausschuss

Eine Assistentin erzählt

Auf einen Schlag hat mein Chef im Herbst 2003 im Umweltausschuss zwei Dossiers ergattert: die Stellungnahme zur neuen EU-Wegekostenrichtlinie – und als Draufgabe auch noch den Bericht über den neuen Kommissionsvorschlag zur Luftqualität.
Eines ist meinem Chef von Anfang an klar: Den Vorschlag der Kommission kann er in der vorliegenden Form nicht akzeptieren. Bei besagten Stoffen handelt es sich um hochgiftige Schwermetalle mit krebserregender Wirkung; in industrienahen Regionen ist die Bevölkerung diesen Stoffen schutzlos ausgesetzt, und der Vorschlag der Kommission würde daran nichts ändern. Verbindliche Grenzwerte müssen also eingeführt werden. Frühere Entwürfe des Kommissionsdokuments zeigen: Eben das wurde ursprünglich auch innerhalb der Kommission diskutiert; doch die Generaldirektion für Umwelt wurde von den übrigen Abteilungen überstimmt.
Bald ist auch klar: Wir haben uns ein politisch umstrittenes und von der Industrie wild bekämpftes Problemdossier eingehandelt. Die ersten Industrielobbyisten rücken uns zu Leibe; ein Beispiel zur Illustration: Frau Grace Barasso – eine äußerst redegewaltige, engagierte und lebendige Person und von der Aluminiumbranche entsandt – erinnert sich noch lebhaft an ein angebliches

Zusammentreffen mit meinem Chef; er allerdings nicht. Gleich zu Beginn appelliert sie an sein Journalistenethos und erklärt, dass die Einführung von Grenzwerten die Schließung zahlreicher Aluminium-Schmelzanlagen samt den bis dato gesicherten Arbeitsplätzen bedeuten würde. Dieser Appell an das soziale Gewissen macht nachdenklich. Zahlreiche Telefongespräche mit der anstrengenden Dame folgen. In Straßburg treffen wir sie wieder; mein Chef erntet böse Blicke, als er ihr nähere Auskünfte über den noch unveröffentlichten Bericht verweigert. Als dieser dann publik wird, muss ich ihr mehrmals am Telefon beruhigend zureden. Nicht viel angenehmer ist die Metallbranche: Da sitzen wir einer Phalanx von neun Industrielobbyisten gegenüber, die wie Wilde auf uns einreden und bei dem Wort „Grenzwerte" Bauchkrämpfe bekommen.

Die Intrige

Während mein Chef daran arbeitet, seine Kollegen für den fertigen Bericht zu gewinnen, verfasst ein deutscher konservativer Abgeordneter still und heimlich einen Brief an die (ebenfalls konservative) Vorsitzende des Umweltausschusses: Man möge doch eine so genannte „Folgenabschätzungsstudie" zum Luftbericht von Hans Kronberger einholen lassen, um die Auswirkungen der vorgeschlagenen gravierenden Änderungen zu prüfen. Der springende Punkt dabei: Damit würde sich die ursprünglich für Jänner anberaumte Abstimmung nach hinten verschieben, und das käme den Konservativen gerade recht: Denn wer weiß, vielleicht ist der Berichterstatter nach den Wahlen im Juni gar nicht mehr da und kann durch einen industriefreundlicheren Mandatar ersetzt werden?

Nur durch Zufall erfahren mein Chef sowie die für das Dossier Zuständigen der übrigen Fraktionen kurz vor der Abstimmung von dieser List. Die Sozialisten sind genauso empört wie wir: Der deutsche Abgeordnete Bernd Lange verurteilt die Vorgangsweise ausdrücklich und verlangt die Abstimmung des Berichts wie ursprünglich vorgesehen am 21. Jänner. Die Grünen sichern uns ebenfalls ihre Unterstützung zu. Frau Marilies Flemming von der ÖVP sagt nur: „Eine Frechheit!", und versichert, ihren für die Misere verantwortlichen Fraktionskollegen zur Rede zu stellen. Dem ist die Angelegenheit offensichtlich furchtbar peinlich; er habe einfach vergessen, meinen Chef zu informieren ...

Die Abstimmung

Am Beginn der nächsten Sitzung im Umweltausschuss muss nun darüber entschieden werden, ob der Luftbericht zur Abstimmung gelangen oder verschoben werden soll. Ein glücklicher Zufall kommt uns zu Hilfe: Gerade an diesem Tag steht ein wichtiges Anliegen der Sozialisten auf dem Programm, für das diese den roten, grünen und linken Block mobilisiert haben. Damit sind genau jene Abgeordneten anwesend, die unseren Bericht unterstützen. Eine Mehrheit stimmt dann auch dafür, dass der Bericht meines Chefs wie vorgesehen am nächsten Tag behandelt werden soll.

Nun hängt alles davon ab, wie stark die Reihen der Liberalen und der Konservativen am nächsten Morgen besetzt sind. Angeblich, so hören wir, wollen diese beiden Fraktionen den Bericht in Bausch und Bogen ablehnen; wenn sie sich durchsetzen, bleibt nichts übrig als der ursprüngliche skandalöse Kommissionsvorschlag.
Den restlichen Tag „lobbyieren" wir uns noch die Seele aus dem Leib. Jede Stimme zählt. Und so schreibt mein Chef am Abend noch an alle Befürworter des Berichts eine E-Mail mit der Bitte, bei der morgigen Abstimmung pünktlich anwesend zu sein.

21. Jänner 2004, 09.00 Uhr:
Es sind verdammt wenig Rote und Grüne zu sehen; noch sind die Konservativen eindeutig in der Überzahl. Ungewohnt auch: Alle Liberalen sind anwesend. Eine grüne Mitarbeiterin des Umweltausschusses zitiert hektisch „ihre" Parlamentarier per Telefon herbei, und mein Chef versucht, mit seinen Wortmeldungen die Abstimmung hinauszuzögern. Eine hitzige Diskussion um den Luftbericht entbrennt. Ein Brite (der einzige Sozialist auf der Gegenseite und bekannt für unqualifizierte Wortmeldungen sowie nicht sonderlich gute Manieren) greift bei der Beschreibung des Berichts zu Fäkalausdrücken. Sein Fraktionskollege Bernd Lange lacht fassungslos, die deutsche Sozialdemokratin Dagmar Roth-Behrendt versichert, dies sei als Privatmeinung ihres Kollegen zu betrachten, und die Irin Patricia McKenna verwahrt sich entschieden dagegen, einen Bericht in diesem Ausschuss als „S..." zu bezeichnen. Auch die Grünen legen sich für meinen Chef ins Zeug. Die Ausschussvorsitzende wiederum versucht in dem ganzen Trubel, durch kleine gehässige Wortmeldungen die Abgeordneten gegen die Grenzwerte aufzubringen. Dafür sind inzwischen die fehlenden Grünen eingetroffen.

09.51 Uhr:
Die Abstimmung beginnt. Der Drahtzieher der Intrige um die „Folgenabschätzungsstudie" hat den Raum verlassen und stimmt nicht mit – offenbar eine kleine Wiedergutmachung. Der entscheidende Block, der die Forderung nach Grenzwerten enthält, gelangt gleich zu Beginn zur Abstimmung. Eine Linksabgeordnete hat Probleme mit ihrer Stimmkarte; daher soll das elektronische Voting wiederholt werden. Die Vorsitzende merkt „humoristisch" an: „Wahrscheinlich ist das die Studie, die hier in Ihrem Abstimmungskasten blinkt, Frau Kollegin!" – ein Hinweis darauf, dass die Verzögerung der Abstimmung den „Studien-Intriganten" zunutze kommt; denn indem die Vorsitzende die Wiederholung etwas länger als notwendig hinauszögert, ermöglicht sie einem soeben eintretenden konservativen Ausschussmitglied die Abgabe einer Gegenstimme.

10.05 Uhr:
Die Abstimmung ist beendet. Das Ergebnis: 26:24. Mit hauchdünner Mehrheit ist der Bericht angenommen worden! Unsere Verbündete vom EU-Umweltbüro meint: „In solchen Momenten macht der Job wieder Spaß!"; ein liberaler „Gegner" versichert meinem Chef, er habe sich mit seiner Hartnäckigkeit großen Respekt im Ausschuss verschafft; ein anderer ist umringt von fassungslosen Industrielobbyisten; der Deutschlandfunk macht ein Radiointerview.

Drei Wochen später:
Die von Konservativen und Liberalen angeforderte „Folgenabschätzungsstudie" liegt auf dem Tisch. Doch wie seltsam: Kaum ist das Ergebnis der Studie bekannt, schert man sich in den beiden Fraktionen plötzlich keinen Deut mehr um das Dokument. Das wird wohl daran liegen, dass die Studie den Bericht nicht wie erwartet „widerlegt", sondern im Gegenteil von A bis Z bestätigt ...

ZYNISCHE KOSTEN-NUTZEN-RECHNUNG

Auszug aus dem Kommissionsvorschlag zur Luftqualität:
„Auf dem Kupfersektor werden die Kosten zur Erreichung der Ziele auf 19 Mio. EUR pro Jahr veranschlagt. Der Nutzen aufgrund einer niedrigeren Sterblichkeitsrate ... wurde auf lediglich 0,1 Mio. EUR pro Jahr geschätzt."

IV.
DIE SPINNEN, DIE EUROKRATEN

Von Euromythen und Eurokraten – die Brüsseler Regulierungswut

„Wer viel misst, misst viel Mist“, lautet ein volkstümliches Sprichwort. In Brüssel hält man sich dagegen an die Devise eines berühmten Europäers, Galileo Galilei: „Messen, was messbar ist, und messbar machen, was nicht messbar ist.“ Was einem der größten Astronomen aller Zeiten nicht geschadet hat, so meint man, wird auch Europa gut tun. Und so wird alles – Gurke und Erbse, Traktorsitz und Rasenmäher, Schokolade und Marmelade, Briefkasten und Briefmarken, Sexspielzeug und Schweinespielzeug, was wir essen, tun und nicht tun, und sogar, was wir sagen (zum Beispiel Konfitüre oder Marmelade) – am Reißbrett der Eurokraten entworfen. Sie sind auf dem besten Weg, unser vielfältiges Europa mit seinen sinnvollen und reizvollen Unterschieden zu Tode zu regulieren.

In Brüssel wird diese Problematik gerne als Panikmache abgetan; alles nur Mythen, hört man dort. Wahr ist, dass es sich bei manchen Schreckensmeldungen tatsächlich nur um „Euromythen“ handelt. Diese gedeihen besonders jenseits des Ärmelkanals bei den ebenso euroskeptischen wie humoristischen Briten und sind durch Proteste aus Brüssel kaum auszurotten. Ein nicht unbeträchtlicher Teil der EU-Öffentlichkeitsarbeit muss darauf verwendet werden, Schauergeschichten zu widerlegen oder zumindest zu versichern, das Ganze sei nur halb so schlimm. Halb so schlimm, das ist richtig – aber immer noch schlimm genug!
Trotzdem haben die Eurokraten noch alle Hände voll zu tun, um die täglich zu Dutzenden einlangenden Regulierungswünsche von Verbänden, Institutionen oder Mitgliedstaaten abzuwehren. Die berühmte „Regulierungswut“ ist eigentlich ein Regulierungszwang und die unausweichliche Folge des wirtschaftlichen und politischen Systems, das die EU (und die Globalisierung) geschaffen hat.

So wird denn in Brüssel fleißig Vorschrift auf Vorschrift gestapelt. Das Verrückteste daran: Man interessiert sich dabei gar nicht so sehr dafür, wie diese Vorschriften angewandt werden, wie sie sich auswirken und welchen Nutzen sie bringen. Tatsächlich gibt es bis heute keine durchdachte Strategie zur Nachverfolgung von EU-Gesetzen. Es verhält sich dabei wie mit den EU-Fördergeldern – aus den Augen, aus dem Sinn. Und so wie die EU jahrzehntelang dafür zahlte, dass in der Landwirtschaft zu viel produziert wurde, und dann noch einmal dafür, die Überschüsse wieder loszuwerden, so macht sie es auch mit ihren Gesetzen: Zuerst werden sie produziert, dann denkt man darüber nach, wie sie sich am besten entsorgen lassen.
Bis 2005 will die Kommission das EU-Recht tatsächlich um mehrere zehntausend Seiten reduzieren. So unmöglich, wie es klingt, ist das gar nicht. Eine italienische Studie etwa hat gezeigt, dass es so viele Bestimmungen gibt, die schon durch neue überholt sind oder vereinfacht werden können, dass die EU auf die Hälfte ihrer Rechtsbestimmungen verzichten könnte.

Zum Besten des Bürgers

Wenn EU-Politiker oder -Beamte eine neue Schreckensmeldung von der Brüsseler Regulierungsfront nicht widerlegen können, versuchen sie sich die Gunst des Bürgers in der Regel mit dem Argument zurückzugewinnen, es sei doch nur zu seinem Besten geschehen. Wenn zum Beispiel die Gurken einer Klasse nicht alle die gleiche Form und Größe hätten, könne man ja nicht wissen, was man für sein Geld bekomme. Und was das Marmelade- bzw. Konfitüreproblem angeht: Man wolle nur, so die Argumentation eines Kommissionsbeamten, den Konsumenten vor „fatalen Verwechslungen“ schützen; zum Beispiel könnte ja ein Engländer eine österreichische Erdbeer-„Marmelade“ kaufen und glauben, es befänden sich, wie in seiner heimischen „marmalade“, Zitrusfrüchte darin … Tatsächlich werden die Normen und Handelsklassen der EU von der Wirtschaft diktiert, die alle Hürden für einen schrankenlosen Binnenmarkt niederreißen möchte. Den Beweis, dass dies insgesamt dem Endverbraucher zugute kommt, hat sie bis jetzt aber noch nicht geliefert.
Auf der anderen Seite macht sich Brüssel auch immer wieder

gegen die Wirtschaft zum Anwalt des Konsumenten – oder zu seinem Vormund. Wenn Kommissare allen Ernstes den Werbeslogan „Red Bull verleiht Flügel" verbieten wollen, aus Furcht, ein Käufer könnte das wörtlich nehmen, oder Parlamentarier die europäischen Kleinkinder zu schützen glauben, indem sie Kinder-Überraschungseiern den Garaus machen, bekommt man vor allem einen Eindruck: Die EU will die Europäer selbst allesamt zu Kleinkindern machen.

Richtig oder falsch?

Es gibt echten Unfug, und es gibt Mythen. Beides hat seinen eigenen Witz. Beginnen wir mit den unauslöschlichen Legenden.
Ein klassischer Euromythos ist die geheimnisvolle Verordnung über die Einfuhr von Karamellbonbons. Bis heute hält sich hartnäckig in EU-Büchern, Medien und im Internet das Gerücht, dass diese Verordnung genau 25.911 Wörter umfasst (in welcher Sprache, wird nicht erwähnt). 25.911 Wörter nur für Karamellbonbons – was ist Brüssel denn da wieder eingefallen! Der Haken dabei: Diese Verordnung existiert nicht. Man war zwar vor über dreißig Jahren bestrebt, ein solches Gesetz zu fabrizieren, dann wurde es den Eurokraten offenbar doch zu dumm, denn das Vorhaben wurde nie realisiert. Aus „Rache" dafür spukt die Karamellbonbon-Verordnung nun als Gespenst in den Köpfen von Euroskeptikern herum.

Nonsens ist weiters: dass Fischer an Bord ihrer Boote Haarnetze tragen und mindestens 200 Kondome mit sich führen müssen, um den sicheren Sex ihrer Crew zu gewährleisten; dass europäische Weihnachtsbäume symmetrisch sein und exakt denselben Nadelabstand, gleich geformte Wurzeln und dieselbe Farbe haben müssen; dass die traditionelle Pizza durch eine genau abgemessene Euro-Pizza ersetzt wird, die EU-Richtlinie über Elektronik-Abfälle das Recycling von Sexspielzeug vorschreibt und eine neue Lärmschutz-Richtlinie Kompositionen von Verdi und Wagner als „zu laut" abschafft; oder dass in der EU, um die Gleichberechtigung von Mann und Frau sicherzustellen, auch Weihnachtsfrauenkostüme verkauft werden müssen (letztere

Meldung entpuppte sich übrigens als Werbegag einer britischen Warenhauskette). Die Befürchtung, wegen der EU-Maschinenrichtlinie ab sofort Feuerlöscher an allen Rasenmähern anbringen zu müssen, hat sich ebenfalls als haltlos erwiesen.

Und wie steht es mit der Definition, wie viele „Tennisbälle" eine europäische Toiletteschüssel reibungslos schlucken muss? Tatsächlich gibt es (wie auch in den USA) eine europäische Norm, welche die Größe einer WC-Schüssel mit Hilfe von „Prüfkörpern" in Form von Bällen festsetzt. Solche Normen gibt es zuhauf; sie sind allerdings keine EU-Gesetze, sondern werden auf Wunsch der Wirtschaft in der Regel vom europäischen Komitee für Normung, dem CEN, festgesetzt, das keine EU-Institution ist. In den meisten Fällen lösen solche unsinnig klingenden Regelungen mindestens ebenso unsinnige nationale Normen ab, die einfach der heimischen Industrie die ausländische Konkurrenz vom Leib halten sollten. Die USA sind der EU dabei übrigens in manchem voraus. Dort regelt zum Beispiel eine Bestimmung den maximalen Durchmesser der Löcher in importiertem EU-Emmentalerkäse.
Das europäische Normungskomitee erlaubt es den Konzernen auch ohne „Handlangerdienste" aus Brüssel, die Produkte auf dem europäischen Markt über einen Leisten zu schlagen. Der CEN und nicht die EU hat übrigens auch das europäische „Einheitskondom" auf dem Gewissen. Es ist 170 mm lang und hat eine „Nennweite" von 50 bis 54 mm. Prompt verkündeten die britischen Zeitungen, die EU hätte wieder einmal den nationalen Unterschieden nicht Rechnung getragen; das „Euro-Kondom" sei für britische Männer nämlich eindeutig zu klein. (Selbst wenn sie Recht hätten, wäre allerdings die Kondomindustrie schuld; die Größenbestimmungen des CEN verstehen sich als Mindestwerte.)
Eine belgische Zeitung verunsicherte ihre Leser einmal mit der Meldung, sie müssten ihre Uhren um eine Stunde zurückdrehen; eine EU-Konferenz hätte am Wochenende beschlossen, die Sommerzeit dieses Jahr ausfallen zu lassen ... Diese Nachricht war als Aprilscherz gedacht, zeigt aber, dass man der EU inzwischen wirklich alles zutraut. Und diesen Ruf hat Brüssel sich schon selbst zuzuschreiben.

HARRY POTTER – EIN ANTI-EU-BUCH?

Wussten Sie, dass die „Harry Potter"-Romane subversive Anti-EU-Bücher sind? So sehen es zumindest britische Euroskeptiker. Der Satz „Metric is for muggles" (muggles = magisch minderbemittelte Menschen) hat der Autorin Joanne K. Rowling eine Ehrenmitgliedschaft in der „Weight and Measures Association" eingebracht, die gegen die Abschaffung der britischen Maß- und Gewichtseinheiten zugunsten des international verwendeten metrischen Systems kämpft. Und da diese Umstellung England von der EU verordnet wurde, ist der Kampf, der unter britischen Gemüsehändlern schon eine ganze Reihe von „metrischen Märtyrern" hervorgebracht hat, auch gleich ein Kampf gegen eurokratische Bevormundung. Was man dazu allerdings auch wissen sollte: Schon 1875 unterzeichnete England ein internationales Übereinkommen zur Schaffung einheitlicher Maße und Gewichte. 1963, zehn Jahre vor dem EU-Beitritt, beschloss das britische Parlament, das metrische System einzuführen. Als England schließlich der Europäischen Gemeinschaft beitrat, hatte es immer noch seine Pfund, Unzen, Fuß und Zoll. Immer wieder musste die Union neue Übergangsfristen festsetzen, weil die Briten für die Umstellung nicht zu haben waren. Dass die englischen Politiker nicht allzu viel Lust haben, ihren Bürgern den Euro aufzuzwingen, wundert wenig.

Genormt zu Lande und zu Wasser

Fahrzeuge gehören zu jenen Objekten, die von Brüssel besonders gerne reguliert werden. Ein „alter Hut", aber immer noch rekordverdächtig ist die 60-seitige Richtlinie über den Traktorsitz, die einen Politiker dazu brachte, der EU die Definition des europäischen „Einheitsarsches" vorzuschlagen. Der „Führersitz", so heißt es darin, ist „der einer einzigen Person Platz bietende Sitz, der für den Führer bestimmt ist, wenn dieser die Zugmaschine führt". Die „Sitzfläche ist die nahezu horizontale Fläche des Sitzes, die eine sitzende Haltung des Fahrers ermöglicht". Und über den Mittelpunkt dieses Sitzes heißt es: „... dieser Bezugspunkt [liegt] in der zur Fahrzeuglängsmittelebene parallelen Ebene durch die Mitte des Sitzes 700 mm lotrecht über der Schnittlinie dieser Ebene mit der Sitzfläche und in 270 mm Abstand – in Richtung der Beckenstütze – von der die Vorderkante tangierenden lotrechten, zur Fahrzeuglängsmittelebene senkrechten Ebene."

Weniger bekannt als die Richtlinie ist ihre Entstehungsgeschichte: Ein deutscher Landwirt war von seinem Traktorsitz gefallen. Die Versicherung verweigerte eine Entschädigung, mit der Begründung, es handle sich nicht um einen der deutschen Norm entsprechenden, sondern um einen ausländischen Sitz.
Um solchen Fällen vorzubeugen, beschloss man, eine europäische Norm zu schaffen; und so verrückt diese klingt – sie ist nicht verrückter als jene, die sie ersetzt hat; vielmehr ist dieses Protobeispiel für die „EU-Regulierungswut" zur Gänze eine Kopie der früheren Regelung der deutschen Berufsgenossenschaft.

Erst in neuerer Zeit hat Brüssel ein Interesse an Sportbooten entwickelt und eine eigene Richtlinie dazu erlassen. Wassermotorräder zum Beispiel, liest man da, sind „Wasserfahrzeuge, … die dazu konzipiert sind, von einer oder mehreren Personen gefahren zu werden, die nicht in, sondern auf dem Rumpf sitzen, stehen oder knien". Gerade dort, wo eine Definition wirklich Not täte, wird man dagegen im Stich gelassen. Kein Sterbenswörtchen erfährt man nämlich über ominöse „unvollständige Boote", die in der Richtlinie immer wieder kommentarlos genannt werden. Angeblich konnte man in den EU-Gremien zu keiner Einigung darüber kommen, was als „unvollständiges Boot" zu gelten habe, und beschloss daher, diese Frage einfach den Herstellern zu überlassen. Also gibt es offenbar nicht nur „unvollständige Boote", sondern auch unvollständige EU-Richtlinien.

In der Autobus-Richtlinie („Richtlinie über besondere Vorschriften für Fahrzeuge zur Personenbeförderung mit mehr als acht Sitzplätzen außer dem Fahrersitz"), deren neueste Fassung aus dem Jahr 2001 stammt, haben die Eurokraten wieder für eindeutige Begriffe gesorgt. Hier erfährt man, dass der Fußboden „der Teil des Fahrzeugaufbaus [ist], auf dem die Füße der stehenden Fahrgäste, die Füße der sitzenden Fahrgäste, des Fahrers und der Mitglieder des Fahrpersonals ruhen und der gegebenenfalls die Sitzbefestigungen trägt". Irritierender ist die Definition der Betriebstür: „Eine von den Fahrgästen im Normalfall zu benutzende Tür, wobei der Fahrer auf seinem Platz sitzt"; ungeklärt bleibt, was aus der „Betriebstür" wird, sobald

der Chauffeur aufsteht, um sich die Beine zu vertreten. Ferner wird festgelegt, dass man den Zugang zu diesen Betriebstüren mit „rechteckigen Prüfkörpern“ prüft, während man sich den Nottüren eher „zylindrisch“ zuwendet, und dass die Notluken im Dach den Erfordernissen eines „vierseitigen Pyramidenstumpfes“ genügen müssen. Auf den Millimeter genau werden Sitzbreite, Tiefe des Sitzpolsters oder Fußbodenneigung festgelegt.
Ziel dieser Richtlinie ist es, die Sicherheit der Fahrgäste in Europa zu verbessern. Natürlich tut Brüssel das nicht aus reiner Menschenfreundlichkeit, sondern vor allem aufgrund minutiöser Kosten-Nutzen-Rechnungen: Weniger Verletzungen und Todesfälle bedeuten eine Entlastung für die nationalen Gesundheitssysteme. Es gibt genügend andere Fälle, in denen Europa zum Schluss kommt, dass der Schutz der Bürger sich einfach nicht „rechnet“.

Auch auf die Fußgänger hat Brüssel nicht vergessen. Eine Ende 2003 erlassene EU-Richtlinie schreibt bei neuen Fahrzeugen fußgängerfreundliche Kühler vor, um das Risiko bei Unfällen zu verringern. Seltsamerweise bleiben jedoch Fahrzeuge ab einem höchstzulässigen Gesamtgewicht von 2,5 Tonnen von der Richtlinie ausgenommen – und damit ausgerechnet die gefährlichsten Kühler-Formen: die starren Frontschutzbügel an Geländeautos, die „Kuhfänger“ genannt werden und schon bei einer Geschwindigkeit von 20 km/h tödliche Kopfverletzungen bei Kindern hervorrufen können. Derart unlogische Ungleichbehandlungen in EU-Gesetzen finden sich zuhauf – und sie haben zuweilen einen ganz einfachen Grund: Die bevorzugte Branche hatte das bessere Lobbying.

ANGST UM WODKA UND WÜRSTEL

Auch in den neuen Ländern eilt der EU der Ruf eines Regulierungsteufels voraus. Die Mär etwa, die EU schreibe für die Ferkelzucht Kinderspielzeug vor (siehe das Kapitel „Ein ‚tierisch gutes‘ EU-Recht?“), ist schon bis in die tschechischen Bauernhöfe gedrungen. Die Tschechen empörten sich auch, dass ihre geliebten „Utopenci“ – das sind eingelegte und offen am Biertresen verkaufte Würstel – verboten werden sollten. Tatsächlich dürfen diese nur noch verpackt angeboten werden. Auch den heimischen

„Rum" (ein hochprozentiger Schnaps) wolle Brüssel abschaffen, beschwerte man sich. Richtig ist, dass die Tschechen ihn umtaufen müssen, da „Rum" ein geschützter Name ist.
In Polen wiederum hieß es, die EU verbiete die eingelegten Gurken, bekannt als „ogórek Kiszony", weil die dafür verwendeten Gurken nicht der europäischen Norm entsprächen. In Wirklichkeit musste die EU eine neue Möglichkeit zur Kategorisierung dieser ungewohnt kleinen polnischen Gurken für den europäischen Markt finden. Ebenfalls in Polen verkündete man, das Land werde seinen geliebten Wyborowa-Wodka nicht mehr produzieren dürfen, weil EU-Unternehmen die Handelsmarke gekauft hätten. (Das polnische Unternehmen, das den Wodka herstellt, wurde zwar an eine französische Firma verkauft, der Wyborowa-Wodka darf aber auch in Polen weiterhin produziert werden.) Unter den Maltesern schließlich herrschte blankes Entsetzen, als sich die Nachricht verbreitete, ihre malerischen alten „Leylands" (behäbige, innen traditionell mit Kitsch-Madonnen und anderem bunten Firlefanz behängte Busse) müssten als nicht EU-konform aus dem Verkehr gezogen werden. Grund für diese Befürchtung ist die bereits erwähnte „Richtlinie über besondere Vorschriften für Fahrzeuge zur Personenbeförderung mit mehr als acht Sitzplätzen außer dem Fahrersitz". Zumindest fürs Erste darf Malta aber aufatmen: Die Umstellung auf „Euro-Busse" ist nicht verpflichtend. Die Zyprioten müssen sich allerdings wirklich damit abfinden, dass ihr berühmtes Feuerwasser Zivania mit dem EU-Beitritt fast doppelt so teuer wird wie bisher. Zivania muss nun, anders als bisher, genauso besteuert werden wie andere Getränke mit hohem Alkoholanteil. Immerhin hat die EU das Traditionsprodukt als regionales Warenzeichen anerkannt; somit bleibt das Getränk für die Mittelmeerinsel weiterhin einzigartig.

Die Sätze in EU-Gesetzen

Der Vorsatz der Kommission, dem EU-Recht eine Schlankheitskur zu verpassen, geht mit einem anderen ehrgeizigen Ziel einher: Man will die Gesetze einfacher und klarer gestalten, „um Europa für die Bürger verständlicher zu machen". Bis das EU-Recht zur Lieblingslektüre der Europäer wird, hat man aber noch einen schweren Kampf vor sich. Immer noch wird es von Satzungetümen beherrscht, die jeden interessierten Bürger auf den ersten Blick in die Flucht schlagen – wie zum Beispiel:

„… Die Mitgliedstaaten dürfen das Inverkehrbringen und/oder die Inbetriebnahme von Bauteilen im Sinne von Anhang II nicht verbieten, einschränken oder behindern, wenn diese die CE-Kennzeichnung gemäß Anhang IV tragen, aus der hervorgeht, dass sie die einschlägigen grundlegenden Anforderungen erfüllen, sofern diesen Bauteilen eine schriftliche Konformitätserklärung gemäß Anhang XV beiliegt und sie nach der gemäß Anhang III Buchstabe b) abgegebenen Erklärung des Herstellers, seines in der Gemeinschaft ansässigen Bevollmächtigten oder – im Fall von Einfuhren aus Drittländern – der Person, die diese Bauteile in der Gemeinschaft in Verkehr bringt, zum Einbau in Sportboote bestimmt sind." Irgendwann wird den Beamten in der Kommission bewusst werden, dass sie bei all ihrem Regulierungseifer etwas vergessen haben: eine Richtlinie über die Sätze in EU-Gesetzen.

Schriftliche Anfrage von MEP Dr. Hans Kronberger an die Kommission.

Betrifft: Sätze in EU-Gesetzen

Ende 2002 hat das Europäische Parlament festgestellt, „dass die Bemühungen der Kommission, bei den Rechtstexten eine größere sprachliche und redaktionelle Klarheit zu erzielen, bisher nicht zu zufrieden stellenden Ergebnissen geführt haben". Die Kommission selbst hat in einer Mitteilung vom 11. Februar 2003 versprochen, die Rechtsvorschriften zu vereinfachen, unter anderem mit dem Ziel, die Europäische Union für die Bürger verständlicher zu machen.

In einer Reihe von Rechtssachen hat der Europäische Gerichtshof den Begriff des „Durchschnittsverbrauchers" entwickelt. Der Richtlinienvorschlag über nährwert- und gesundheitsbezogene Angaben über Lebensmittel (COM 2003/0424) etwa betont, dass solche Angaben für den „durchschnittlichen" Verbraucher verständlich sein müssen.

1. *Kann sich die Kommission vorstellen, Vorgaben über die sprachliche Beschaffenheit von EU-Richtlinien zu erstellen, die sich am „durchschnittlichen Leser" und seinem sprachlichen Verdauungsvermögen orientieren?*

2. *Erwägt die Kommission im Zuge ihrer Reformbemühungen auch, die Beschaffenheit von Sätzen in EU-Gesetzen zu regeln?*

3. *Kann sich die Kommission vorstellen, die Verwendung von Nebensätzen in deutschen Dokumenten auf 11 Relativsätze pro Satz und die höchstzulässige Zahl der Wörter eines Satzes auf 150 zu beschränken?*

Karotten und anderes Obst

Nirgendwo hat die EU-Normierungswut so sehr gewütet wie unter den Lebensmitteln. Die legendäre Gurkenverordnung etwa schlägt bis heute solche Wellen, dass Kommissionspräsident Romano Prodi höchstpersönlich sich einmal bemüßigt fühlte zu erklären: „In der EU geht es um mehr als um die Krümmung von Gurken." Wer heute über diese und ähnliche Richtlinien den Kopf schüttelt, muss wissen: Eigentlich hatte die EU noch viel ehrgeizigere Pläne. Der gesamte europäische Lebensmittelmarkt sollte vermessen, normiert, kodifiziert und vereinheitlicht werden, kein einziges in Europa hergestelltes Lebensmittel wollte man auslassen; kurz und gut: Man wollte einen europäischen Lebensmittelkodex schaffen. Damit hätte es „das" europäische Bier, „den" europäischen Schokoladekuchen und „den" europäischen Käse gegeben. So schlimm ist es letztendlich doch nicht gekommen. Die Vielfalt auf unserem Kontinent hat der EU ein Schnippchen geschlagen – zu viele regionale Spezialitäten hätten berücksichtigt werden müssen. Nach langen Anstrengungen mussten die Eurokraten ihren Traum von den perfekten europäischen Einheits-Lebensmitteln fahren lassen.

Aber da sich Brüssel weiterhin um gleiche Wettbewerbsbedingungen und einen reibungslosen Ablauf des EU-Binnenmarkts kümmern muss, können die Eurokraten ihre Normierungsgelüste trotz allem ungehemmt ausleben. Die europäischen Lebensmittelvorschriften sind ein undurchsichtiger Gesetzesdschungel, der die seltsamsten Blüten treibt. In ihm finden wir neben der genormten Gurke die genormte Banane, die genormte Schokolade, die genormte Erbse und die genormte Haselnuss, aber auch ein Obst namens Karotte oder ein Lebensmittel namens Kaugummi.

Ein Lebensmittel namens Kaugummi

Im Jahr 2001 hat die EU eine neue Lebensmittelverordnung erlassen. Dank dieser Vorschrift wissen Händler und Konsumenten, was unter einem Lebensmittel zu verstehen ist – aber auch, was man besser nicht verzehren sollte. Keine Lebensmittel sind: Betäubungsmittel, Tabakerzeugnisse, Drogen, Rückstände und Schadstoffe. Kosmetische Mittel sind ebenfalls nicht als Lebensmittel zu betrachten. Weiters sind auch Äpfel, Birnen oder Zwetschken, die am Baum hängen, keine Lebensmittel. Sie werden aber dazu, wenn man sie pflückt. Für alle, die gerne ihr Schnitzel direkt von der Weide abzweigen, wird festgestellt: „Lebende Tiere, soweit sie nicht für das Inverkehrbringen zum menschlichen Verzehr hergerichtet worden sind", sind nicht als Lebensmittel zu betrachten.

Aber was ist denn nun ein Lebensmittel? Kaugummi zum Beispiel. Generell gilt: „Im Sinne dieser Verordnung sind ‚Lebensmittel' alle Stoffe oder Erzeugnisse, die dazu bestimmt sind oder von denen nach vernünftigem Ermessen erwartet werden kann, dass sie in verarbeitetem, teilweise verarbeitetem oder unverarbeitetem Zustand von Menschen aufgenommen werden."
Karotten zu Obst zu machen, blieb allerdings einem anderen EU-Gesetz vorbehalten: der „Richtlinie über Konfitüren, Gelees, Marmeladen und Maronenkrem für die menschliche Ernährung" – im österreichischen Volksmund bekannt als „Marmelade-Diktat". Darin wird nicht nur festgelegt, dass Marmelade aus Zitrusfrüchten zu bestehen hat, wenn sie Marmelade heißen will, sondern auch, dass Karotten „für die Anwendung dieser Richtlinie" als Früchte gelten. Der Grund dafür war, dass die Portugiesen nicht auf ihre geliebte Karotten-„Konfitüre" verzichten wollten; Konfitüre sollte nach EU-Recht aber nun mal nur aus Früchten bestehen. Was tun? Die Eurokraten beschlossen, es sei leichter, die Natur der Karotte zu ändern als ihre eigenen Regeln.

Von der Euro-Gurke, den Leiden eines schwedischen Gurkenhändlers und dem Unterschied zwischen einer Banane und einem Fahrradreifen

In Österreich hört man es vielleicht nicht so gerne: Aber wussten Sie, dass es bei uns schon lange vor der europäischen Gurkennorm eine Gurkenregelung gab, die auch den Krümmungsgrad regelte? Bereits 1967 gab es ein eigenes Qualitätsklassengesetz und 1968 eine Durchführungsverordnung dazu. Schon damals machten sich die Österreicher über die Beamten lustig, denen nun schon so langweilig sei, dass sie die Gurkenkrümmung normierten … So weit wie Brüssel ging man in Österreich allerdings nicht: Dort gilt seit 1988 die berüchtigte Norm: Gurken dürfen einen maximalen Krümmungsgrad von 10 mm auf 10 cm Länge aufweisen. Nicht dass die Eurokraten die gekrümmten Gurken damit abgeschafft hätten; aber sie werden diskriminiert: Sie sind als minderwertig eingestuft und müssen billiger angeboten werden – völlig unabhängig vom Geschmack. Und so kommt es, dass in unseren Supermärkten die stromlinienförmige Euro-Gurke der Klasse Extra oder Klasse 1 Einzug gehalten hat. Der Wunsch nach der Normgurke kam nicht von den Konsumenten, sondern von Händlern und Produzenten: In den handelsüblichen Kisten findet nun immer die gleiche Anzahl Gurken Platz, was die Abrechnung erleichtert und den Transport verbilligt.

Eine skurrile Verordnung hat zwangsläufig skurrile Auswirkungen. Im Jahr 2000 trudelte in der Kommission eine Anfrage aus dem Europaparlament ein. Betreff: „Krümmung der Gurken der Klasse II“. Ein schwedischer Abgeordneter erzählte darin folgende Geschichte: In Schweden entstand im Sommer 1997 ein Streit zwischen einem Landwirt, der Gurken anbaute, und einem Kontrolleur des schwedischen Landwirtschaftsamtes. Der Kontrolleur vertrat die Ansicht, die Krümmung der Gurken sei zu gering. Um sie als Gurken der Klasse II verkaufen zu

können, müssten sie laut EU-Recht eine Krümmung von 2 cm aufweisen; der Landwirt hätte seine Gurken also als Ware der Klasse I verkaufen müssen. Dieser wusste nicht, wie ihm geschah: Er habe, erklärte er, doch nur darauf verzichtet, dieses Los Gurken als Gurken I. Klasse einzustufen, weil er nicht sicher war, ob sie gerade genug seien.
Der Parlamentarier erhielt von Agrarkommissar Franz Fischler folgende Auskunft dazu: „Der Kommission war der beschriebene Fall nicht bekannt. ... Die Kommission möchte besonders darauf hinweisen, dass die gemeinschaftlichen Qualitätsnormen für Gurken ... für die zulässige maximale und minimale Krümmung von Gurken der Kategorie II keine Bestimmungen enthalten. In dieser Kategorie dürfen Gurken in jeder Form, ob gerade oder gekrümmt, vermarktet werden." Für den schwedischen Gurkenhändler kam diese Antwort zu spät; das schwedische Kontrollamt hatte ihm seine „zu wenig gekrümmten" Gurken nach der Vermessung in Stockholm wieder 500 km zurückgeschickt, und natürlich waren sie bis dahin völlig verdorben.
Im Dienste der Wirtschaft biegt Brüssel eben auch gerne die Natur zurecht. Die nach Europa importierten Bananen ereilte ein ähnliches Schicksal schon 1994. Laut der berühmten Bananen-Verordnung mussten sie künftig mindestens 14 cm lang sein und einen Durchmesser von mindestens 2,9 cm aufweisen – und sie durften eines nicht haben: „abnormale Krümmungen". Diese Bestimmung, erklärte ein sarkastischer EU-Beamter, sei notwendig gewesen, „damit die Bananen nicht mit Fahrradreifen verwechselt werden".

HK DIREKT

Qualitätsklassen für EU-Politiker

Die EU ist inkonsequent. Wenn die Klassifizierung nach Größe und Form statt nach Qualität für Lebensmittel passend ist, müsste sie eigentlich auch auf Europas Politiker angewendet werden. Vielleicht würde die europäische Politik davon profitieren, wenn die Besetzung der Kommission nach Größe und Durchmesser erfolgen würde? (Bundeskanzler Wolfgang Schüssel würde dann zwar niemals zum Kommissionspräsidenten gewählt werden; dafür könnte EU-Kommissar Franz Fischler jedoch noch lange Zeit in Brüssel bleiben ...)

Über die ungerechte Verteilung angeschwemmter Schuhe

Besonders kompliziert sind Brüssels Verordnungen darüber, wie viele und welche Fische auf den gemeinsamen Meeren wem gehören und von wem gefischt werden dürfen. Dafür werden jedem Mitgliedsland jährliche Fangquoten zugewiesen: So darf beispielsweise Belgien genau 150 Tonnen Dornhai in der Zone „IIa Nordsee“ fischen.

So wichtig die Fangquotenpolitik ist, um eine Überfischung der Gewässer zu verhindern: Die sorgfältige Aufteilung von Fischen auf die EU-Mitgliedsländer entbehrt dennoch nicht einer gewissen Komik; und so fühlte sich ein niederländischer Parlamentarier im Jahr 1997 bemüßigt, folgende Anfrage an die Kommission zu stellen:

Betrifft: Meeresforschung und Verteilung von Schuhen

1. Ist der Kommission bekannt, dass im Rahmen einer vor kurzem durchgeführten Untersuchung des Biologen Leopold des niederländischen „Instituut voor Bos- en Natuuronderzoek“(Institut für Forstwirtschaft und Naturforschung) die Zahl der angeschwemmten Schuhe gezählt wurde?
2. Ist der Kommission ebenfalls bekannt, dass die Untersuchung ergab, dass innerhalb eines Winters auf der niederländischen Insel Texel 68 linke und 39 rechte Schuhe und auf den schottischen Shetland-Inseln 63 linke und 93 rechte Schuhe angeschwemmt wurden?
3. Hält die Kommission dies für eine gerechte Verteilung?
4. Ist die Kommission bereit, im Rahmen der jährlichen Aufteilung der Fischfangquoten auch Schuhe nach Paaren und Mitgliedstaaten gleichmäßig aufzuteilen?
5. Ist die Kommission ebenfalls bereit, gegebenenfalls im Rahmen des Interreg-Programms einen Austausch zur Ergänzung von Schuhen pro Paar zu organisieren? Wenn ja, wie? Wenn nicht, warum nicht?

Die Antwort der Kommission:

1. Nein.
2. Nein.
3. Nein.

4. Nein.
5. Nein, die vom Herrn Abgeordneten gestellte Frage fällt nicht in den Tätigkeitsbereich der Kommission.

In österreichischen Fischereigesetzen liest man übrigens: „Es ist verboten, den Fischfang aus Luftfahrzeugen auszuüben …" Zwar ist nicht bekannt, wann in Österreich jemals jemand auf die Idee gekommen wäre, solches auszuprobieren; aber da sich dieses Verbot in einem EU-Gesetz findet, muss es auch in Österreich umgesetzt werden.

Ein „tierisch gutes" EU-Recht?

Nein – das EU-Recht ist ganz sicher kein „tierisch gutes". Wahr ist aber, dass die Brüsseler Tierpolitik trotz ihrer ernsten und tragischen Seiten eine sprudelnde Quelle immer neuer scheinbarer, echter oder auch nur erfundener Narreteien ist. Dazu im Folgenden einige Beispiele.

Von Haustieren im Druckkochtopf

Immer noch hält sich in Großbritannien das Gerücht, man dürfe tote Haustiere laut EU-Vorschrift nur dann begraben, wenn sie vorher im Druckkochtopf bei 130°C eine halbe Stunde lang gekocht worden sind. Wahr ist, dass Brüssel im Zuge des BSE-Skandals eine neue Richtlinie beschloss, die genaue Bestimmungen über den Umgang mit Tierabfällen enthielt. Alle Tierabfälle, die beispielsweise zu Tiermehl weiterverarbeitet werden, müssen demnach zwanzig Minuten lang bei einer Temperatur von 133°C erhitzt werden, um Krankheitserreger abzutöten. Da die Engländer damals aufgrund des Ausfuhrverbots für britisches Rindfleisch noch schlechter auf Europa zu sprechen waren als sonst, verwandelten die Medien die neue Vorschrift in ein Kochrezept für tote Haustiere, was den Schluss erlaubte,

in Brüssel seien lauter BSE-verseuchte Eurokratenhirne am Werk.
Auch die zweijährige Produktgarantie für Haustiere, die kurz unter Tierhändlern für Panik sorgte, entpuppte sich als Medienente. Wenn ein Hamster nach einem halben Jahr „nicht mehr funktioniert“, so hieß es, sei der Tierhändler dazu verpflichtet, ihn durch einen neuen zu ersetzen. Wer weiß, vielleicht wurde diese Idee wirklich einmal in der Kommission diskutiert? Viele Verrücktheiten dieser Art gibt es nur deswegen nicht, weil sie von den EU-Gremien noch rechtzeitig verworfen werden, bevor sie in Gesetzestexten Schaden anrichten.

Was unsere Tiere alles nicht fressen dürfen

Wenn Brüssel sich aber zum Beispiel darum sorgt, was die Tiere auf den Bauernhöfen zu fressen bekommen, hat das zum Teil wirklich seltsame Auswüchse. In einer eigenen Richtlinie werden „unerwünschte Stoffe in der Tierernährung“ aufgezählt: Arsen, Blei, Quecksilber, Cadmium und Blausäure. (Das Lachen vergeht allerdings bei der Erinnerung an Hühner, die mit Industrie-Altölen gefüttert wurden.)
Die Eurokraten dringen zuweilen höchstpersönlich in die entlegensten Ecken Europas vor, um zu prüfen, was das Vieh so alles vorgesetzt bekommt. Davon können auch österreichische Landwirte ein Lied singen. Im Herbst 2002 etwa bekamen heimische Bauern Besuch von der EU-Kommission; die Mission der Brüsseler „Kontrollbrigade“ lautete: Schnüffelei in den heimischen Sautrögen. Man hatte nämlich beschlossen, den traditionellen Sautrank zu verbieten, da die darin enthaltenen tierischen Nebenprodukte Krankheitserreger aufweisen und so Seuchen begünstigen können. In Österreich stellte sich das Problem, das die EU beseitigen wollte, aber gar nicht: Für die Verwendung von Küchenabfällen als Futtermittel war ohnehin gesetzlich eine Abkochung zur Abtötung von

Krankheitserregern vorgeschrieben. Küchen- und Speisereste wurden regional gesammelt, abgekocht und regional wieder verwertet, und zwar in erster Linie in der nicht-intensiven Landwirtschaft. Auch in Deutschland funktionierte dieses System reibungslos. Doch in der EU ist es wie in jeder anderen Gemeinschaft: Ist einer „schlimm“, müssen oft alle dafür büßen. Da einige Staaten, vor allem Großbritannien, mit einem lückenlosen Kontrollsystem nicht zurande kamen, hatte man sich gleich für ein generelles Verbot des Sautranks entschieden. Die einzige „Gnade“, die Österreich gewährt wurde, war eine Übergangsfrist für die Umsetzung des Verbots, die mit 1. Mai 2004 ausgelaufen ist – und auch das nur nach dem erwähnten ausführlichen Inspektionsbesuch.

Als Europas Ferkel Backgammon lernten

Weniger dem Schutz des Verbrauchers als dem Schutz der Tiere selbst dient die „Richtlinie über Mindestanforderungen für den Schutz von Schweinen“ aus dem Jahr 2001. Dieses Gesetz, das seit 1. Januar 2003 in allen Mitgliedstaaten umgesetzt sein muss, bringt Verbesserungen für die Lebensbedingungen der Schweine: zum Beispiel mehr Platz, mehr Licht und weniger Lärm; auch die Anbindehaltung von Sauen und Jungsauen wird verboten. Da Schweine zu den geselligsten Tieren überhaupt gehören, hat man auch die Einzelhaltung eingeschränkt. Eberbuchten, heißt es dort etwa, „müssen so gelegen und konstruiert sein, dass der Eber sich umdrehen und andere Schweine hören, riechen und sehen kann“.

Auch Ungenauigkeit müssen sich die Verfasser der Richtlinie nicht vorwerfen lassen: Die Mindestbodenfläche für jedes Schwein oder die Spaltbreite bei Betonspaltböden wird auf den Millimeter genau festgelegt.

Die Liebe der Journalisten hat sich die Richtlinie aber aus einem anderen Grund zugezogen: Sie bestimmt nämlich erstmals, dass die Schweinezüchter ihren Tieren ein „stimulierendes

Lebensumfeld" bieten müssen: Vor allem „müssen Schweine ständigen Zugang zu ausreichenden Mengen an Materialien haben, die sie untersuchen und bewegen können". Mit anderen Worten: Spielzeug. Da den fantasielosen Eurokraten nichts anderes einfiel als „z.B. Stroh, Heu, Holz, Sägemehl", kamen ihnen die europäischen Medien zu Hilfe: In England versicherte eine Zeitung, das optimale Spielzeug für Ferkel sei der Fußball; eine andere präsentierte eine Top-Ten-Liste der Schweinespiele, in der sich etwa Backgammon oder „Räuber und Gendarm" fanden. In Dänemark erfuhr man, der nationale Ausschuss für Schweineproduktion plane eine Studie, um die Spielvorlieben der Ferkel zu erforschen; in Irland kündigte man an, Santa Claus werde den irischen Schweinen einen verspäteten Besuch abstatten, um ihnen die von Brüssel vorgeschriebenen Weihnachtsgeschenke zu überbringen, und die britische „Times" schließlich warnte: „Sämtliche Bauern haben neunzig Tage Zeit, ein Spielzeug in jeden Schweinekoben zu legen; andernfalls drohen ihnen neunzig Tage Zuchthaus." (Tatsächlich müssen die britischen Bauern umgerechnet bis zu 3.800 Euro zahlen, wenn sie den Bestimmungen nicht nachkommen.)
Ja, sogar der amerikanische Nachrichtensender CNN berichtete darüber.

Pässe für Ponys und Grenzkontrollen für Bienen

Eine der größten Errungenschaften der EU ist, dass ihre Bürger in ganz Europa (fast) uneingeschränkt reisen, arbeiten und sich niederlassen können, wo es ihnen gefällt. Bei Tieren scheint es eher umgekehrt. So haben sich die Eurokraten unter anderem Grenzkontrollen für Bienen, Pässe für Ponys und eine Zwangsumsiedelung für Tauchenten einfallen lassen.
Jedes Pferd, jedes Pony und sogar jeder Esel muss bei Reisen innerhalb von Europa ausnahmslos einen Pass mit sich führen. Darin stehen die Herkunft des Tieres vermerkt, seine Impfungen und, so vorhanden, sein Name. Der Ausweis kostet ein paar Dutzend Euro pro Tier. Die Angaben darin werden auch in einer zentralen europäischen Datenbank gespeichert, in der jedes Tier mit einer eigenen Registrierungsnummer vertreten ist. Ein Vorgeschmack auf die Zukunft der europäischen Bürger? Wie so

oft lästerten die Briten am lautesten gegen die Regelung und kramten bei dieser Gelegenheit auch gleich ihre speziellen nationalen Ressentiments hervor. Warum, ätzte man jenseits des Ärmelkanals, solle England um Millionen Pfund Pässe für seine Reitpferde sponsern? Das Gesetz sei doch nur eingeführt worden, damit die barbarischen, Pferdefleisch essenden Franzosen nicht bettlägerig würden. Tatsächlich dient die Richtlinie in erster Linie dazu, den europäischen Lebensmittelmarkt vor Seuchen zu schützen; trotzdem ist der Pass auch für Tiere verpflichtend, die nicht im Schlachthof enden sollen.

Den Bienen ergeht es auch nicht viel besser. Sie müssen neuerdings „bei ihrer Ankunft in der EU" Grenzkontrollen und Untersuchungen über sich ergehen lassen, damit sie ihre europäischen Artgenossen nicht mit Krankheiten anstecken. Dafür werden die Tierchen, wenn sie die Grenze passiert haben, in ein Labor geschickt. Wer sich die betreffenden Bestimmungen genauer ansieht, erfährt zumindest erleichtert: Von ihnen sind nur eingeführte Bienenvölker betroffen. Für frei fliegende Bienen gilt – notgedrungen – nach wie vor die Reisefreiheit.
Wenig erfolgreich war Brüssel beim Versuch, die Tauchenten auf der spanischen Insel Formentora umzusiedeln. Von alters her nisten diese Vögel auf der Mola, der Hochebene im Osten der Insel. Im Rahmen des Artenschutzprogramms „Life" wollte man die Tiere mittels solarstromgespeister Lockrufanlagen dazu überreden, im Westen der Insel zu nisten. Aber die Tauchenten dachten nicht daran – mancher EU-Bürger wird sagen: Recht hatten sie. Das Schild, das diese anspruchsvolle „Life"-Unternehmung in drei Sprachen erläutert, steht übrigens noch; die Bewohner amüsieren sich, und der Vogel bleibt im Osten.

Zum Schluss eine Verrücktheit aus dem Hause Europa, die noch abgewendet werden konnte. Kaum ein EU-Bürger weiß, dass er fast dazu verdammt worden wäre, nicht nur zu Ostern, sondern das ganze Jahr über bunte Eier zu essen. Den Vorschlag der EU-Kommission, Werbung auf Eierschalen zu erlauben, haben erst die Landwirtschaftsminister abgeschmettert. Dafür findet sich seit Jänner 2004 auf EU-Weisung allerdings etwas anderes auf den Eiern: nämlich ein Code, der Herkunft und Haltungsform dokumentiert. Das ist zwar auch nicht wirklich schön, aber zumindest vernünftig. Denn die weit verbreitete Praxis, Eier aus tierquälerischer Haltung als „Freilandeier" auszugeben und damit Konsumenten und tierfreundliche Betriebe zu schädigen, wird damit zumindest um einiges erschwert.

WAS DIE EU ZUM FROSCH ZU SAGEN HAT

Zwar gibt es in der EU eine Richtlinie zur „tierfreundlichen" Schlachtung von Tieren, aber dass Fröschen nicht wie in Indien oder China die Schenkel bei lebendigem Leibe ausgerissen werden, kann mangels ausreichender Kontrollmöglichkeiten niemand garantieren. Das Töten von Fröschen für Gourmetzwecke ist besonders in Frankreich sehr beliebt. Die EU beschränkt sich bei diesem Thema auf Hygienevorschriften. Eine davon soll offenbar verhindern, dass Froschschenkel-„Hersteller" die Autobahn als Zubringer verwenden: „Frösche, die bereits vor dem Töten verendet sind, dürfen auf keinen Fall zum Verzehr zubereitet werden."

Der Bürger im Gitterbett

In wenigen Bereichen zeigt die EU so viel Engagement wie im Verbraucherschutz. Unermüdlich kümmert sie sich darum, dass ihre Bürger bei den Lebensmitteln, die sie essen, den Gegenständen, mit denen sie sich umgeben, oder den Geschäften, die sie betreiben und verrichten, möglichst wenig zu Schaden kommen. Um herauszufinden, was Europas Konsumenten wirklich brauchen, konsultiert Brüssel die europäischen Verbraucherorganisationen. Besonders hört die Kommission dabei auf das „Büro Europäischer Konsumenten" (BEUC). Dieser Dachverband von mittlerweile 36 Verbraucherorganisationen auf nationaler und europäischer Ebene ist im Bereich des Konsumentenschutzes der wichtigste Partner der EU, die den Verein auch maßgeblich finanziert.
Das BEUC bezeichnet sich selbst als unabhängige Vertretung der europäischen Verbraucher; wenn sich aber aus EU-Geldtöpfen gespeiste Bürgervertretungen als „unabhängig" bezeichnen, ist das immer mit Vorsicht zu genießen. Die Kommission übernimmt zwar Ratschläge des BEUC, umgekehrt benutzt sie es aber auch als Sprachrohr, das Ansichten und Vorhaben der Kommission stützen und legitimieren soll.

Strenge Verbraucherschutzbestimmungen sind in einem globalisierten Markt zwar bitter nötig; und da die Mitgliedstaaten selbst (nicht zuletzt durch die EU-Verträge) kaum noch eine Handhabe gegen die immer rücksichtsloseren Praktiken der Konzerne haben, muss man für jede neue Initiative aus Brüssel dankbar sein.
Aber die Eurokraten haben ihre eigene Auffassung vom Wohl der Bürger. Sie kümmern sich um Piercings, das Ablaufdatum von Sonnenschutzmitteln oder die Frage, ob der Werbespruch „Haribo macht Kinder froh" nicht eine Irreführung des Verbrauchers darstellt. Auf der anderen Seite machen sie sich vergleichsweise wenig Sorgen darüber, was gentechnisch veränderte, bestrahlte oder pestizidverseuchte Lebensmittel bei Menschen anrichten können.
Mit dem Schutz der europäischen Konsumenten schreitet außerdem ihre Entmündigung stetig voran. Weil die Raucher die nationalen Gesundheitssysteme jährlich mit Milliardenbeträgen belasten, versucht man sie mit makabren Slogans und wenn möglich auch Bildern von zerfressenen Lungen zur Vernunft zu bringen. Und weil die EU befindet, dass die Europäer mit ihrem Geld nicht umgehen können, baut sie alle möglichen Hürden auf, um ihnen die Aufnahme von Krediten madig zu machen. Ähnlich wie die Sicherheitspolitik zeigt auch die Verbraucherschutzpolitik der EU damit eine gefährliche Kehrseite. Mit beiden will man den Bürger beschützen; im einen Fall sitzt dieser am Ende hinter Gittern, im anderen Fall im Gitterbett.

Die Prüderie der Kommissarin

Erst kürzlich hat das Europaparlament einem der mächtigsten und reichsten Industriezweige in Europa den Fehdehandschuh hingeworfen: der Sexindustrie. Ein bisschen wirkt das wie der Kampf von David gegen Goliath: Die global agierende Porno-Branche kann sich gerade im Internet jeglichen EU-Regulierungsversuchen spielend entziehen. Andererseits ist Handeln dringend angesagt: 70 Prozent der 364 Millionen Euro, welche die Europäer im Jahr 2001 im Internet ausgaben, flossen an zum Teil gewalttätige und illegale Porno-Seiten. Kaum ein Internetnutzer bleibt vor dem täglichen Zufluss an einschlägigen Spam-Mails verschont.

Im April 2004 stimmten EU-Abgeordnete über Vorschläge einer schwedischen Kollegin ab, wie man dieser milliardenschweren Branche beikommen könne. Dazu gehörte zum Beispiel die Forderung, Sex-Firmen wie Beate Uhse von den Börsen auszuschließen oder obszöne E-Mails unter Strafe zu stellen.
Wie so oft mischte sich leider auch hier Sinn mit viel Unsinn. Denn damit nicht genug: Auch Fernsehwerbungen mit erotischen Inhalten sollten verboten werden. Diese seien „heimtückische Übergriffe" in das Leben der Menschen, meinte die schwedische Frauenrechtlerin Marianne Eriksson aus der kleinen Fraktion „Nordische Grüne Linke". Und um das Maß voll zu machen: Das Sexualverhalten der europäischen Männer sollte in Brüssel Gegenstand der Forschung werden. Auf Basis der Ergebnisse sollte ein männliches Sexualerziehungsprogramm gestartet werden. Diese Forderung hatte bei der Abstimmung keine Chance (der Männeranteil im Parlament beträgt 70 Prozent).
Mehr Aufsehen als diese parlamentarische Initiative erregte seinerzeit der Plan der griechischen EU-Sozialkommissarin Anna Diamantopoulou, blanke Busen aus den Medien zu verbannen. Wie ein Lauffeuer verbreitete sich im Sommer 2003 in der Boulevardpresse die Schreckensnachricht, die EU wolle „die hübschen Mädels" von Seite drei und Seite sieben abschaffen. „Haben denn die in Brüssel keine anderen Sorgen?", fragte man sich wieder einmal. Schließlich zog die Kommissarin ihren Vorschlag zurück; ihre (männlichen) Kollegen in der EU-Kommission hatten den Plan strikt abgelehnt.

Zuweilen gewinnt man ja wirklich den Eindruck, dass einige in Brüssel die EU nicht in die Zukunft, sondern lieber ins Mittelalter zurückführen wollen. Und man muss froh sein, wenn die Beispiele dafür nur ein Grund zum Schmunzeln sind, wie etwa im folgenden Fall: Im Dezember 2003 verfasste das Presseservice der Kommission eine Stellungnahme zum Welt-Aids-Tag. Als man diese gerade veröffentlichen wollte, kam doch tatsächlich im letzten Moment ein Anruf aus dem Büro des Kommissionspräsidenten und überzeugten Katholiken Romano Prodi: Man solle unverzüglich das Wort „Kondom" aus dem gesamten Text entfernen ...

Gerhard Schröder und die Unisex-Tarife

Wenn wir schon bei der Abschaffung barbusiger Mädchen in den Medien sind: Diese Forderung steht im Zusammenhang mit einem an sich sehr lobenswerten Vorstoß der EU-Sozialkommissarin. Mit einer neuen Richtlinie gegen Frauendiskriminierung im Zivilrecht sollen die letzten Bastionen rechtlicher Benachteiligung von Frauen in Europa geschleift werden. Die oben erwähnte „Busen-Klausel“ fand zwar schließlich nicht Eingang in den Ende 2003 verabschiedeten Kommissionsvorschlag, dafür aber eine andere, ebenfalls heftig umstrittene Forderung: die Unisex-Tarife. Demnach sollen Frauen nicht mehr aufgrund ihres Geschlechts beim Friseur oder bei Versicherungen höhere Tarife zahlen müssen.

Vernünftig oder nicht: Jedenfalls hat Brüssel mit diesem Plan einen der stärksten europäischen Wirtschaftsbereiche gegen sich aufgebracht: die Versicherungsbranche. Diese sorgt nun dafür, dass die Unisex-Tarife es bei den Regierungen, welche die Richtlinie im Rat verabschieden müssen, sehr schwer haben.
Ein internes Papier der deutschen Bundesregierung kann dabei als Beispiel dafür dienen, wie europäische Politik abläuft. Darin ist unter dem Punkt „Lageeinschätzung“ Folgendes zu lesen: Deutschland werde Widerstand gegen die Richtlinie leisten. Zur Begründung solle eine zu erwartende Prämienerhöhung propagiert werden. Ziel sei auf jeden Fall eine „Ausschlussklausel für die Versicherungsbranche – und eventuell auch für Banken“. Diese Absichten seien jedoch unbedingt zu „kaschieren“, um nicht potenzielle Wählerinnen für die Bundestagswahl 2006 zu verlieren. Dazu solle Deutschland im EU-Ministerrat Nein-Stimmen nur im Verbund mit anderen Ländern einbringen, zum Beispiel mit Großbritannien …

An diesem Beispiel zeigt sich wieder, weshalb Brüssel für die Regierungen Europas so „praktisch“ ist. „Da draußen“ können sie getrost Entscheidungen forcieren, ohne vor ihren Wählern dafür geradestehen zu müssen. Wer soll schon zur Rechenschaft gezogen werden, wenn so viele verantwortlich sind?

Wer zahlt das Schlechtwetter?

Die Unisex-Tarife werden wohl letztlich niemandem wirklich nützen. Ähnlich steht es mit dem ebenfalls gut gemeinten Beschluss, die Rechte von Europas Flugpassagieren zu verbessern. Im Februar 2004 hat man nach langem Hickhack zwischen Rat und Parlament die „Verordnung über eine gemeinsame Regelung für Ausgleichs- und Unterstützungsleistungen für Fluggäste im Falle der Nichtbeförderung und bei Annullierung oder großer Verspätung von Flügen" erlassen, die 2005 in Kraft tritt. Eine wichtige Angelegenheit, bei der EU-Politiker ausnahmsweise wirklich aus eigener Erfahrung sprechen, wenn sie am Anfang der Verordnung feststellen: „Nichtbeförderung und Annullierung oder eine große Verspätung von Flügen sind für die Fluggäste ein Ärgernis und verursachen ihnen große Unannehmlichkeiten." Um den Ärger und die Unannehmlichkeiten zu verringern, müssen die Fluglinien künftig bei allen Verspätungen Essen und Erfrischungen „in angemessenem Verhältnis zur Wartezeit" bereithalten; Fluggäste dürfen unentgeltlich zwei Telefongespräche führen oder zwei Telefaxe oder E-Mails versenden. Bei mehr als fünfstündigen Verspätungen darf der Passagier wählen, ob er den Flugpreis zurückerstattet haben oder an seinen ursprünglichen Ausgangsort zurückfliegen will.

Ob die Fluglinien die Verspätung selbst verschuldet haben, spielt dabei keine Rolle. Brüssel hat beschlossen, sie auch für Schlechtwetter haften zu lassen. Die Fluglinien – oder die Passagiere? In Wahrheit laufen die neuen Bestimmungen auf eine von den Kunden selbst finanzierte Zwangsversicherung hinaus. Denn dass die Fluggesellschaften ihre Preise erhöhen, um die für sie entstehenden Mehrkosten zu decken, hat die EU nicht verboten. Also wird für die großzügig zur Verfügung gestellten Getränke, Telefaxe und Hotelunterbringungen doch wieder nur einer zahlen: der Passagier selbst.

Das EU-Tabakdilemma

Neben der Versicherungswirtschaft und den Fluggesellschaften haben sich die Eurokraten noch eine weitere mächtige Lobby an den Hals gehetzt: die Tabakindustrie.

Seit 1999 ist in der EU-Kommission der Ire David Byrne für die Gesundheit und den Schutz der Verbraucher zuständig. Dem Kommissar schwebt ein großes Ziel vor: ein rauchfreies Europa. Unermüdlich arbeitet er daran, einen Nagel nach dem anderen in den Sarg der Tabakindustrie zu schlagen. Unter ihm wurde das Tabakwerbeverbot verabschiedet, das bis Juli 2005 in allen Mitgliedstaaten umgesetzt werden muss. Ab dann gilt: keine Tabakwerbung in Zeitungen, Magazinen, Rundfunk und Internet; und kein Sponsoring durch Zigaretten-Multis bei grenzüberschreitenden Großveranstaltungen. David Byrnes freudiger Kommentar zum Beschluss lautete: „Heute hat der Ministerrat die Tabakindustrie voll erwischt!“ Ganz so weit ist es allerdings noch nicht; denn der „Genosse der Bosse“, der deutsche Bundeskanzler Gerhard Schröder, hat gegen die Richtlinie geklagt, nachdem ein juristisches Gutachten im Auftrag der Tabakindustrie zwei kleine Formfehler im Gesetzestext entdeckte. Dabei hat Deutschland schon die erste Richtlinie aus dem Jahr 1998 mit einer Klage zu Fall gebracht. Wer verzichtet schon gerne freiwillig auf millionenschwere Tabaksteuern?

Jährlich sterben 500.000 Menschen in den EU-Staaten frühzeitig an den Folgen des Rauchens. Aber dennoch stellt sich die Frage, ob Brüssel es nicht ein bisschen zu weit treibt und seine Kompetenzen überschreitet; denn die Gesundheitspolitik liegt nicht im Zuständigkeitsbereich der EU, sondern der einzelnen Mitgliedstaaten. Deswegen hat man in der Kommission auch wettbewerbsrechtliche Gründe für das Verbot der Tabakwerbung angegeben; man schützte vor, die nationalen Werberegelungen müssten vereinheitlicht werden.
Solche Vorstöße, auch wenn sie im Einzelfall gut und sinnvoll sein mögen, schaffen gefährliche Präzedenzfälle. Als Nächstes könnte der Alkoholkonsum der europäischen Bürger von Brüssel aus reguliert werden, wieder als Nächstes vielleicht der Genuss von Süßigkeiten, und so weiter und so fort. Mit einem EU-weiten absoluten Rauchverbot in allen Bars und Restaurants wird in der Kommission auch schon geliebäugelt. Die neuen Warnhinweise auf Zigarettenschachteln verdanken wir ebenfalls Kommissar David Byrne. Zwar hat man der

Tabakindustrie bis Juni 2004 eine Abverkaufsfrist gewährt; aber bei allen neuen Packungen müssen sich die Tabakproduzenten seit 1. Oktober 2003 zwischen verschiedenen Slogans, von „Rauchen ist tödlich“ bis hin zu „Rauchen kann die Spermatozoen schädigen und schränkt die Fruchtbarkeit ein“, entscheiden. Diese Hinweise, so will es das EU-Gesetz, müssen 30% der Vorder- und 40% der Rückseite einnehmen, auf weißem Grund gedruckt sein und einen drei Millimeter breiten schwarzen Trauerrand aufweisen. Zusätzlich können die Mitgliedstaaten abschreckende Fotos von künstlich beatmeten Kranken, zerfressenen Lungen oder frustrierten Paaren im Bett vorschreiben. Für diesen Zweck stellt Brüssel eine Fotodatenbank zur Verfügung, die als wirksam getestete Abbildungen enthält. Dasselbe Gesetz hat übrigens auch die österreichische Zigarettenmarke „Milde Sorte“ schwer getroffen, die sich in „Meine Sorte“ umbenennen musste; Begriffe wie „light“ und „mild“, so die EU, sind für Zigaretten nicht gerechtfertigt.

Während man sich in der EU-Verbraucherschutzkommission Schritt für Schritt ins Feindesland der Tabakwirtschaft vorarbeitet, sind in einem anderen Teil der Kommission hunderte Beamte damit beschäftigt, die Agrarfördergelder zu verwalten und auszuzahlen: unter anderem an den europäischen Tabakanbau. Rund 963 Millionen Euro flossen im Jahr 2003 von der Landwirtschaftskommission vor allem in die italienischen und griechischen Tabakfelder. Pro Jahr produziert die EU über 350.000 Tonnen größtenteils minderwertigen Tabak, der auf dem Weltmarkt praktisch unverkäuflich ist. Die kleinen Tabakbauern werden zu 80% von den EU-Subventionen künstlich am Leben erhalten. Ein völlig absurdes System, das nicht mit einem Schlag abgeschafft werden kann, sind doch eine

EU-Ausgaben für Anti-Rauch-Kampagnen

EU-Ausgaben für Tabaksubventionen

halbe Million Menschen vor allem in den ärmsten Regionen Europas von diesem Wirtschaftszweig abhängig. So begnügt man sich im Rahmen der neuen EU-Agrarreform damit, die Tabaksubventionen mittelfristig auslaufen zu lassen und den Tabakbauern durch gezielte Förderungen den Umstieg auf andere Erzeugnisse zu erleichtern.
Man stelle sich vor, Europa hätte die Tabakgelder in den letzten zehn Jahren zur Bekämpfung des Rauchens verwendet. Dafür hatte Brüssel bisher nämlich vergleichsweise wenig Geld; gerade einmal drei Prozent der Tabak-Subventionen wurden 2003 für Anti-Rauch-Kampagnen verwendet – noch dazu wurde ein Großteil dieser Summe nicht einmal in Anspruch genommen. Die EU-Staaten selbst kassieren zwar 70 Milliarden Euro an jährlichen Tabaksteuern, ziehen es aber vor, dieses Geld anderwärtig zu verwenden.

Ein pikantes Detail am Rande zur Brüsseler Tabak-Schizophrenie soll auch noch verraten werden: Die EU bemüht sich, was das Rauchen angeht, bislang vergeblich, in ihren eigenen Häusern für Ordnung zu sorgen. In Irland wurde kürzlich ein Mitglied des nationalen Parlaments seines Amtes enthoben, weil er das Rauchverbot im Gebäude verletzt hatte; von solchen Disziplinarmaßnahmen kann im Europaparlament keine Rede sein. So kam es einmal zu einem heftigen Streit zwischen einer britischen Abgeordneten und einem mediterranen Kollegen, der sich, angelehnt an ein Schild „Rauchen verboten“, genüsslich eine Zigarette genehmigte. Schließlich holte die streitbare Britin den Türhüter herbei, der ihren Kollegen zur Räson bringen sollte – nur um zu erfahren, dass eben dieser dem unverschämten Raucher Feuer gegeben hatte. Einige EU-Parlamentarier gehen mit den hausinternen Rauchvorschriften so lax um, dass im Februar 2004 sogar der Europäische Bürgerbeauftragte einschritt und dem Parlament eine offizielle Rüge erteilte.
Nicht verschwiegen werden soll auch, dass die Warnhinweise auf den Zigarettenschachteln von den Rauchern in den EU-Gremien boykottiert werden. Die neuen „Verschönerungshüllen“, die jetzt allerorten in Europa angeboten werden, um die EU-diktierten großformatigen Slogans zu verdecken, finden in der Kommission großen Absatz. Sie sind in allen Shops der

Kommissionsgebäude erhältlich – auch in der Abteilung von Gesundheitskommissar David Byrne.

GEFÄHRLICHE SCHOKOZIGARETTEN

Wenn Brüssel den europäischen Tabakanbau fördert, wäre es nur logisch, den Opiumbauern auch etwas zukommen zu lassen, fand ein Parlamentarier und schickte daher eine schriftliche Anfrage an die Kommission: „Betrifft: Finanzielle Unterstützung für den Anbau suchtfördernder Rauschmittel.

Können die Anbauer relativ harmloser Substanzen wie Heroin (das im Vergleich zum Tabak nur für einen Bruchteil der alljährlich durch Suchtmittel verursachten Todesfälle verantwortlich ist) angesichts der Entscheidung der Kommission, den Tabakanbau weiterhin im Umfang von einer Milliarde Ecu [= Euro, Anm. d. V.] pro Jahr zu unterstützen, mit ähnlichen Subventionen rechnen? Hat die Kommission alternativ dazu Überlegungen darüber angestellt, wie unser Geld in etwas nützlicherer Form ausgegeben werden könnte?"

Antwort der Kommission: „Nein". (Man hatte den kritischen Unterton der Frage offenbar erkannt.)

Mehr Humor zeigte die Kommission in einem anderen Fall. Ein holländischer Abgeordneter wollte nämlich wissen, ob man wirklich vorhabe, die Schokozigaretten europaweit zu verbieten. Gesundheitskommissar Byrne bestätigte, dass es von einigen Seiten, unter anderem auch von der Weltgesundheitsorganisation, ein solches Ansinnen gäbe. „Derartige Produkte könnten Kinder sehr wohl dazu verleiten, später das ‚echte' Produkt auszuprobieren", meinte er, fügte aber hinzu: Die Kommission stehe in engem Kontakt mit dem Sekretariat des Heiligen Nikolaus und habe Pfeffernüsse als geeignete Alternative für Kinder vorgeschlagen; ein Treffen sei aber bis jetzt noch nicht zustande gekommen …

Macht Haribo Kinder froh?

„Functional Food" – mit „gesunden" Zusätzen angereicherte und werbende Nahrung: Auf diesem Markt, so beschloss die Kommission schon vor einigen Jahren, muss endlich aufgeräumt werden; immer mehr locken Lebensmittel mit unbewiesenen und irreführenden Behauptungen über positive gesundheitliche Wirkungen. Also erstellten die Beamten der

Verbraucherschutzkommission ein dickes Diskussionspapier, das sie auf die Website der Kommission stellten, um herauszufinden, was „Europa“ dazu zu sagen hat. Über neunzig Verbraucherorganisationen gaben ihre Vorschläge und Stellungnahmen ab, die ebenfalls im Internet veröffentlicht wurden. Auf dieser Grundlage präsentierte die Kommission schließlich im Juli 2003 ihren viel beachteten Vorschlag für eine Verordnung über „nährwert- und gesundheitsbezogene Angaben über Lebensmittel“, der nun im Parlament und im Rat behandelt wird.

Wer kennt nicht die Slogans, mit denen heutzutage schon jedes zweite Produkt versehen ist: „stärkt die Abwehrkräfte des Körpers“, „hilft Ihrem Körper, besser mit Stress fertig zu werden“, „reinigt Ihren Organismus“, „wirkt sich positiv auf Ihr Wohlbefinden aus“, „trägt zu einem ausgeglichenen Stoffwechsel bei“, „hilft, Ihr gutes Körpergefühl zu erhalten“, „hält Sie jung“ usw. Solche und ähnliche vage Versprechungen sollen in Zukunft verboten sein: Kein Kräutertee wird dann noch mit „Harmonie für Körper und Seele“ werben; auch dürfen Vitamine sich nicht mehr „Vitamine für den Geist“ nennen oder bessere Prüfungsergebnisse versprechen. Produkte, die insgesamt kein „erwünschtes“ Nährwertprofil haben – wie etwa Schokolade, Chips oder Kekse –, sollen überhaupt keine positiven Angaben mehr aufweisen. Ein Pudding etwa darf nicht mehr als fettarm bezeichnet werden, auch wenn die Angabe zutrifft; denn das könnte den Eindruck erwecken, das Produkt sei gesund, und zum Kauf anregen. Statt „90% fettfrei“ muss es heißen „10% Fett“; und auch Informationen wie „Folat kann helfen, den Plasmahomocysteinspiegel zu normalisieren“ wird man in Zukunft vergeblich suchen, da sie der von Brüssel definierte „Durchschnittsverbraucher“ nicht versteht.

Kurz und gut: Beseitigt wird alles, was theoretisch zu einer Irreführung des Verbrauchers führen könnte. Gesundheitsbezogene Angaben soll es zwar weiterhin geben; aber jede einzelne muss zuerst in einem monatelangen Hürdenlauf von der

Europäischen Lebensmittelbehörde geprüft und zugelassen werden.
Kein Zweifel: Die Beamten in Brüssel haben es gut gemeint und ganze Arbeit geleistet. Aber Europa hat es ihnen wieder einmal nicht gedankt. Denn in den Medien herrscht vor allem eine Sorge vor: Wird ein Roter Bulle weiterhin „Flügel verleihen" und werden bunte Gummibärchen weiterhin „Kinder froh" machen dürfen? Explizit hat die Kommission zwar die Sprüche nicht verboten; aber ganz geklärt ist tatsächlich noch nicht, ob die Werbeslogans „Red Bull verleiht Flügel" und „Haribo macht Kinder froh" den Verbraucher nicht irreführen könnten ...

VERBRAUCHERSCHUTZ AUF US-AMERIKANISCH

Gebrauchsanweisungen für US-Amerikaner:
Superman-Kostüm für Kinder: „Das Tragen dieses Kleidungsstücks ermöglicht nicht das Fliegen."
Föhn von Sears: „Nicht während des Schlafes benutzen."
Tiefkühlkost von Swansons: „Serviervorschlag: Auftauen."
Tiramisu von Tesco's (auf die Unterseite aufgedruckt): „Nicht umdrehen."
Bread-Pudding von Marks & Spencer: „Das Produkt ist nach dem Kochen heiß."
Rowenta-Bügeleisen: „Die Kleidung nicht während des Tragens bügeln."
Nytol-Schlafmittel: „Achtung: Kann Müdigkeit verursachen."
Nüsse von Sainsbury's: „Achtung: enthält Nüsse."
Nüsse von American Airlines: „Anleitung: Packung öffnen, Nüsse essen."

Dass ein strenges Gesetz die Verbraucher auch ohne solche Narreteien schützen kann, hat sich bei uns in Österreich gezeigt, wo schon vor Jahren allgemeine gesundheitsbezogene Angaben wie „macht schlank" oder „erhält jung" verboten wurden. Die Bestimmungen mussten jedoch auf EU-Befehl abgeschafft werden. Ausländische Firmen hatten sich in Brüssel über die „wettbewerbswidrigen" Regelungen beklagt, woraufhin der Europäische Gerichtshof entschieden hatte: Österreichs generelles Verbot für allgemeine gesundheitsbezogene Angaben bei Lebensmitteln ist mit dem Schutz von Verbrauchern nicht zu rechtfertigen. Im Sommer 2003 schaffte Österreich also seine

Bestimmungen ab. Ebenfalls im Sommer 2003 präsentierte die Kommission besagten Gesetzesvorschlag über „nährwert- und gesundheitsbezogene Angaben über Lebensmittel". Der Inhalt ist bekannt: ein vollständiges Verbot allgemeiner gesundheitsbezogener Angaben für Lebensmittel ...

Diese Farce zeigt nicht nur, dass in der EU oftmals eine Hand nicht weiß, was die andere tut; sie ist auch einer der vielen Fälle, in denen Österreich sinnvolle Regelungen aufgeben musste, um dieselben dann von der EU verordnet zu bekommen. Aber wie es so geht: Die Kleinen sind oftmals die Schnellsten. Da wir nun dem großen europäischen Koloss angehören, müssen wir uns seinem Schneckentempo anpassen.

Ü-Eier – die unterschätzte Gefahr!

Auch wenn die Kommissionsbeamten an ihren Schreibtischen die seltsamsten Dinge ausbrüten: Das verrückteste „Ei" der letzten Monate hat das Europäische Parlament gelegt – besser gesagt, ein Grüppchen britischer und griechischer EU-Abgeordneter.

Als im März 2004 bekannt wurde, es gebe einen Plan, die allseits bekannten und beliebten Kinder-Überraschungseier zu verbieten, glaubten viele an einen vorgezogenen Aprilscherz. Es war keiner. Die Parlamentarier meinten, ein Kind könnte theoretisch eines der im Ei enthaltenen kleinen Plastikteile in den Mund nehmen, verschlucken und in der Folge daran ersticken. Sie stützten sich bei ihrer Forderung sogar auf eine Studie von angeblich renommierten britischen Wissenschaftlern. Und das, obwohl europaweit kein einziger Fall bekannt ist, in dem ein Kind durch ein Überraschungsei zu Schaden gekommen wäre ...

In den USA sind die Schokoeier des Süßwarenherstellers Ferrero tatsächlich verboten; denn laut amerikanischem Gesundheitsrecht dürfen in essbaren Gegenständen keine nicht-essbaren Gegenstände enthalten sein. Aber Amerika ist eben bekannt dafür, seine Konsumenten zu unmündigen „Volltrotteln" zu degradieren.

Die EU-Kommission ließ ausnahmsweise Vernunft walten und weigerte sich, im Kampf gegen die Schokoeier als Bündnispartner herzuhalten. Die Aussicht, in der Folge vielleicht konsequenterweise alle Gegenstände verbieten zu müssen, die Kleinkinder theoretisch verschlucken könnten, war für die Beamten wohl auch nicht sehr verlockend ... Damit war die Affäre jedoch noch nicht zu Ende. Im zuständigen Ausschuss des Parlaments hatte man beschlossen, den heiklen Bericht über die Überraschungseier zu unterdrücken (Ferrero hatte übrigens ein unerhört aggressives Lobbying gegen den Bericht betrieben). Die Retourkutsche folgte postwendend: Die Schokoei-Feinde legten im EU-Parlament eine Resolution zur Unterschrift auf, in der sie zum Boykott aller Ferrero-Produkte aufriefen.

Um dem Unfug ein Ende zu setzen, gab die EU-Kommission schließlich ein eigenes Gutachten über die Kinder-Überraschungseier in Auftrag – mit dem Ergebnis: Es gebe keinen Anlass für ein Verbot. Die Freudenbotschaft kam gerade rechtzeitig zu den Osterfeiertagen – für alle kleinen und großen Liebhaber der Schokoeier, vor allem aber für die Firma Ferrero.

Diese Geschichte hört sich mehr nach einem Klamaukstück als nach einer wirklichen Begebenheit aus dem EU-Parlament an. Völlig grotesk wird sie, wenn man bedenkt, dass sie sich wenige Monate vor der Erweiterung und damit dem Beginn des riskantesten Abenteuers in der EU-Geschichte abgespielt hat. Man möchte doch meinen, Europas Eltern können sehr gut selbst auf ihre Kinder aufpassen, und EU-Politiker müssten ganz andere Sorgen haben. Um bei den Eiern zu bleiben: Die Eier, die sich die EU selbst legt, beherbergen die wirklich gefährlichen Überraschungen.

V.
VERBRÜSSELT UND VERBRATEN

Schlaraffenland der Korruption

Korruption gibt es überall. Aber es gibt Systeme, welche sie behindern, und solche, die sie erleichtern, wenn nicht herausfordern. Die EU-Behörden gehören eindeutig zu den Letzteren.

Wes Brot ich ess, des Lied ich sing

Die EU-Kommission ist die mächtigste supranationale Behörde der Welt. Sie ist unter anderem dafür zuständig, wie die Gelder des EU-Haushalts – rund 100 Milliarden Euro, bereitgestellt von Europas Steuerzahlern – verwendet werden. Ein einzelner Beamter verfügt dabei oftmals über Milliardensummen.
Die Eurokraten in der Kommission geben aber nicht nur viel Geld aus, sie erhalten auch viel Geld: Die Einkommensskala reicht von über 4.000 bis zu 15.000 Euro; dazu kommt noch ein undurchsichtiger Wirrwarr an großzügigen Sonderzulagen, mit denen sich die Gehälter zusätzlich aufbessern lassen.
Warum werden EU-Beamte so fürstlich entlohnt? Um die besten Köpfe anzuziehen, lautet eine offizielle Begründung. Richtig ist, dass die Privatwirtschaft Spitzenkräfte oft noch viel fürstlicher belohnt. Man kann die Sache aber auch noch anders sehen: „Wes Brot ich ess, des Lied ich sing", lautet eine alte Weisheit. Die Hand, die einen so großzügig füttert, beißt man nicht. Die EU-Beamtenschaft ist eine Hierarchie von Privilegierten, die wenig Interesse haben, gegen ein System aufzubegehren, in dem es sich so gut leben lässt. Allein darin kann man den Beginn einer institutionalisierten Korruption sehen.

VIAGRA FÜR BEDÜRFTIGE

Eurokraten haben nicht nur großzügige Gehalts-, Spesen- und Urlaubsregelungen; auch um ihre Gesundheit sorgt man sich in Brüssel. Dazu gehört offenbar auch, dass die EU-Beamten Anspruch auf sechs vom Steuerzahler finanzierte Viagra-Pillen pro Monat haben.

Ein Unterschied zur Privatwirtschaft liegt darin, dass die Kommission mit Steuergeldern statt mit selbst erarbeiteten Beträgen wirtschaftet. Ein weiterer Unterschied ist, dass ihre Beamten zwar sehr viel Macht, aber kaum Verantwortung haben. Die „drei Weisen", die 1999 im Auftrag des Europaparlaments den berühmt-berüchtigten Korruptionsskandal in der Kommission untersuchten, schrieben seinerzeit einen vernichtenden Satz nieder: „Es wird zunehmend schwierig, irgendjemanden zu finden, der nur den geringsten Sinn an Verantwortung hat." Was die fünf Damen und Herren, allesamt ehemalige Rechnungshofprüfer und Höchstrichter, damals zu Papier brachten, ging weit über einzelne, isolierbare Fälle von Verfehlungen hinaus. Es beschrieb ein totales Scheitern der Verwaltungs- und Kontrollstrukturen. Das Problem damals wie heute sind nicht einzelne „schwarze Schafe"; das Problem war und ist, dass das System selbst zur Korruption verführt. Hinzu kommt, dass die EU in einem besonders korruptionsanfälligen Umfeld arbeitet: Die deutsche Organisation „Transparency International" bescheinigt den belgischen Behörden sogar schlimmere Zustände als in der Republik Botswana.

Kartell des Schweigens

Im erwähnten Weisenbericht findet sich noch ein weiterer Schlüsselsatz: nämlich dass das Konzept der Verantwortlichkeit „der höchste Ausdruck der Demokratie" sei. Die Arbeit der Kommission beruht bis heute auf dem konsequenten und perfekt eingespielten Abschieben von Verantwortung. Die offiziellen Führungsspitzen, die Kommissare, wollen regelmäßig von nichts gewusst haben – und das stimmt in vielen Fällen sogar. Aber ihre Unwissenheit hat Methode: Die Kommissare sind nicht unglücklich darüber, dass kritische Informationen von ihren Untergebenen systematisch an ihnen vorbeigeschleust werden. „Unwissenheit schützt vor Strafe", gilt für sie. Werden betrügerische Machenschaften publik, bedauern sie den fehlenden Informationsfluss, lehnen aber jede Verantwortung für die Vorfälle ab.

Aber auch die zuständigen Beamten werden nicht belangt. Verantwortung versickert im hierarchischen Gefüge. Interne

Vorwürfe werden ignoriert und, wenn das nicht mehr geht, verharmlost und vertuscht. Untersuchungen werden verschleppt und behindert. Beamte vermeiden es, Kollegen zu kritisieren, aus Furcht, es könnte sich gegen sie selbst wenden. Die meisten Affären werden nie aufgeklärt, fast nie kommt es zu einer Anklageerhebung. In zwei Fällen erst wurden Beamte nach Ermittlungen der EU-Betrugsbehörden vor Gericht verurteilt. Sicher bestraft werden nur jene, die auf die Missstände hingewiesen haben; sie werden überwacht, gemobbt, verleumdet, suspendiert.

Der Fall van Buitenen

Hätte im Jahr 1998 nicht ein Beamter dem Europaparlament brisante Unterlagen in die Hände gespielt – die schier unglaublichen Zustände innerhalb der Kommission unter der Leitung des Luxemburgers Jacques Santer wären vielleicht nie ruchbar geworden. Paul van Buitenen hieß der Mann, der im Dezember 1998 die Bombe zündete: Die Liste des Belgiers enthüllte ein Netzwerk an Nepotismus, Korruption und Betrug, das bis in die obersten Etagen der Kommission reichte: Seine Vorgesetzten hatten mit Beratungs-Büros gemauschelt, schwarze Kassen geführt, unsaubere Verträge abgeschlossen, Dokumente gefälscht oder nachträglich geändert; Ausschreibungsrichtlinien wurden nicht eingehalten, Verwandte, Bekannte und Geliebte in lukrative Posten gehoben, und EU-Beamte hatten millionenschwere Projekte an Privatfirmen vergeben, an denen sie über Strohmänner selbst beteiligt waren. Zentrum des Skandals war die EU-Forschungskommissarin, die Französin Edith Cresson. Sie hatte ihrem Liebhaber unter der Hand so genannte „Forschungsaufträge" vermittelt; satte 6.875 Euro monatliches Honorar erhielt der pensionierte Zahnarzt fürs Nichtstun.

Am 15. März 1999 zwang das EU-Parlament die gesamte Kommission zum Rücktritt. Edith Cresson wurde im Jahr 2003 in Belgien vor Gericht gestellt. Die involvierten Beamten aber sind nach wie vor in ihren Ämtern. Nur Paul van Buitenen nicht. Als er beschloss, das Schweigen zu brechen, wurde er zunächst eingeschüchtert, bedroht, suspendiert und versetzt. Seine Berichte,

Dokumente und Beweise verschwanden in Schubladen, das Gehalt wurde ihm gekürzt. Nach dem Sturz der Kommission aber wurde er nicht etwa rehabilitiert: Seine Degradierung blieb bestehen, das Disziplinarverfahren wurde weitergeführt. Der Hauptvorwurf: Van Buitenen hätte seine Schweigepflicht gegenüber nicht autorisierten Kreisen gebrochen. (Gemeint war das Europäische Parlament, dem gegenüber eigentlich die EU-Verwaltung zur Information verpflichtet gewesen wäre.) Hier liegt ein weiterer Systemfehler: Das Beamtenstatut legt fest, dass Beamte Unregelmäßigkeiten nur ihrer eigenen Behörde melden dürfen; und diese hat naturgemäß kein Interesse daran, dass die Öffentlichkeit von den Missständen erfährt.
Paul van Buitenen verließ schließlich die Kommission.

Fünf Jahre später

„Null Toleranz gegenüber Betrug" hieß der Schlachtruf, mit dem die neue Kommission unter Romano Prodi im Herbst 1999 ihre Arbeit antrat. Gerade einmal ein halbes Jahr später, im Frühjahr 2000, verschwand dieses Versprechen still und heimlich aus dem offiziellen Reformprogramm der Kommission. Die zuständige Haushaltskommissarin Michaele Schreyer will diese Streichung gar nicht bemerkt haben. Dass der Passus als unbequem entfernt wurde, wundert nicht. Bereits einige Monate davor hatten interne Prüfer Verdacht auf Unregelmäßigkeiten in der EU-Statistik-Behörde Eurostat geschöpft. Sage und schreibe drei Jahre dauerte es, bis dieser Skandal in seiner vollen Tragweite an die Öffentlichkeit drang. Im März 2003 präsentierte das Europäische Amt für Betrugsbekämpfung OLAF ein umfangreiches Dossier; es enthüllte betrügerische Machenschaften, deren Größenordnung den von van Buitenen aufgedeckten Korruptionsaffären nicht nachstand. Ausgerechnet beim offiziellen Zahlenlieferanten der EU, dessen Daten als Grundlage für maßgebliche finanzpolitische Entscheidungen der Union dienen, waren mindestens acht Millionen Euro verschwunden. Schwarze Konten, fiktive Gehaltslisten, Bilanzfälschung, Doppelabrechnungen, Diebstahl lauten die Vorwürfe. Im Mittelpunkt des Skandals steht die Zulieferfirma Planistat. Mit Wissen der Eurostat-Spitze unterschlug das Unternehmen einen großen Teil der Verkaufserlöse und verschob die Gelder auf schwarze Konten in Madrid, Brüssel und Luxemburg.

WIE MAN SCHWARZE KONTEN WEISS REDET

Als Eurostat-Generaldirektor Yves Franchet mit den Betrugsvorwürfen konfrontiert wurde, fand er die Bezeichnung „schwarze Konten" böswillig gewählt. Das sei nicht der richtige Ausdruck; es handle sich dabei einfach um „Geld, das außerhalb der Kontrollsysteme der Kommission gemanagt wurde" …

Die alten Ausreden

Als der Skandal publik wurde, lautete die wichtigste Frage: Wer hat wann wie viel gewusst? Die zuständigen Kommissare – Finanzkommissarin Michaele Schreyer, Währungskommissar Pedro Solbes und Verwaltungschef Neil Kinnock – mussten sich einer Anhörung durch die EU-Parlamentarier stellen. Sie spielten das altbekannte Spiel: Erst im Mai 2003 hätte man aus den Medien von der Eurostat-Affäre erfahren, hieß es da. Die Betrugsbehörde OLAF hätte die Kommissare nicht früher einbezogen. Informationen seien zwar den Dienststellen der Kommission zugeleitet worden, aber nicht den Kommissaren selbst. Zwar stimmt es, dass die Betrugsbehörde OLAF die Untersuchung des Falls seit 1998 konsequent verschleppt hatte; Hinweise auf schwarze Kassen und potenziellen Betrug lagen den Kommissaren aber nachweislich schon seit Jahren vor; doch sowohl sie als auch die Generaldirektoren blieben eigenartig passiv – ja, mehr noch: Eine dänische Beamtin etwa, die in diesem Zusammenhang die Unterschrift unter eine ihrer Überzeugung nach unrechtmäßige Zahlung verweigerte, wurde von der grünen Haushaltskommissarin Michaele Schreyer gemobbt.
Vor den EU-Abgeordneten „bedauerte" die Kommission die „Kommunikationsprobleme" mit OLAF. „Das System hat nicht ganz funktioniert", gestand Kommissionspräsident Romano Prodi. Der Generalsekretär der EU-Kommission räumte ein, dass „man sich rückblickend fragt, ob nicht früher Schlussfolgerungen hätten gezogen werden müssen". Und OLAF-Chef Franz-Hermann Brüner gab zu, der „außergewöhnliche Fall" von Eurostat

habe gezeigt, dass in solchen Fällen die Öffentlichkeit besser informiert werden müsse. Kurz gesagt: Schuld war (außer dem Eurostat-Direktor Yves Franchet) wieder einmal niemand. Keiner war bereit, dafür geradezustehen, dass – allen Reformbemühungen der vorangegangenen Jahre zum Trotz – die Verwaltungsmechanismen der Kommission erneut katastrophal versagt hatten.

Korrupte Kontrolleure?

Was für eine Rolle spielt das Betrugsamt OLAF selbst in dieser Angelegenheit? Steckt es etwa mit der Kommission unter einer Decke? Seltsam ist, dass die Behörde nicht einmal zwanzig ihrer 300 Mitarbeiter für die Bekämpfung interner Betrugsaffären abstellt. Das ist ganz im Sinne der Kommission; sie suggerierte dem OLAF-Chef bei seinem Amtsantritt, es gebe in der EU-Exekutive praktisch keine internen Korruptionsprobleme. „98 Prozent" der Betrugsfälle passierten nicht in der Kommission, sondern in den Mitgliedstaaten, versicherte eine Prodi nahe stehende hohe EU-Beamtin. OLAF ist auch bekannt dafür, dass es die kleinen Fische fängt und die großen entwischen lässt. Als etwa im Brüsseler Ausschuss der Regionen ein massiver Verdacht auf Spesenfälschungen auftauchte, weigerte sich der OLAF-Chef, den Fall an die belgische Justiz weiterzugeben. Beim Beschuldigten handelte es sich um Brüssels regionalen Verkehrsminister. Immer wieder zeigt sich: Sobald es um eine EU-interne oder eine EU-nahe Institution geht, stellt die Behörde zu wenig Personal bereit und vertrödelt die Ermittlungen jahrelang.

Undurchsichtig sind auch die Ereignisse rund um den Journalisten des TV-Senders „stern" Hans-Martin Tillack. Im März 2004 wurde seine Brüsseler Wohnung von belgischen Polizisten durchsucht, fast das gesamte Arbeitsmaterial wurde beschlagnahmt. Die offizielle Begründung dafür lautete: Der Journalist habe sich geheime Informationen von einem EU-Beamten erkauft. Für den Vorwurf der Bestechung gibt es jedoch keinerlei Beweise. In Brüsseler Kreisen geht man davon aus, dass die Aktion auf die Initiative der Betrugsbehörde OLAF selbst zurückgeht, die das Informationsleck innerhalb ihrer Beamtenschaft orten will. Was man dazu auch noch wissen muss: Der Journalist ist seit Anfang 2002 im Besitz eines 234-Seiten-Dossiers eben jenes Beamten, der 1999 den Sturz der Kommission auslöste: Paul van Buitenen. Darin werden schwere Vorwürfe gegen die neue Kommission unter Romano Prodi erhoben. Laut einem geheimen OLAF-Bericht, der Tillack zugespielt wurde, stehen selbst engste Mitarbeiter des Kommissionspräsidenten im Verdacht, Unregelmäßigkeiten zu decken.

Geklärt sind die Fälle bis heute nicht.

Das Parlament als Kontrolleur

Neben der Betrugsbehörde OLAF und dem Europäischen Rechnungshof spielt bei der Kontrolle der EU-Finanzen das Europäische Parlament eine maßgebliche Rolle. Die Kommissare sind den Abgeordneten Rechenschaft schuldig; sie müssen sich einmal im Jahr, im Zuge der so genannten Entlastung des Haushalts, einer Bewertung durch die Parlamentarier stellen, die die Entlastung auch verweigern können; das Parlament kann Untersuchungsausschüsse einberufen und die Mitglieder der Kommission zu Anhörungen „vorladen". Außerdem erstellt das Parlament jedes Jahr einen Betrugsbericht.

Keine Frage – ohne Parlament sähe es mit den EU-Finanzen noch viel schlechter aus. Den Abgeordneten verdanken die Bürger Europas die Gründung der Betrugsbehörde OLAF ebenso wie den Sturz der korrupten Kommission im Jahr 1999. Die EU-Kommission wiederum tut alles, um die Parlamentarier von Informationen auszuschließen und hintanzuhalten. Als im Mai 2003 der Eurostat-Skandal publik wurde, forderten die Abgeordneten umgehend Auskünfte von der Kommission ein; ihre Anfragen wurden zunächst ignoriert, dann mit Ausflüchten und Ausreden beantwortet. Als der Kommissionspräsident sich im September endlich einem Parlaments-Hearing stellte, durften nur zwei von vierzig Betrugsexperten Fragen stellen; außerdem unterlagen die Auskünfte der Geheimhaltung. Zwei Untersuchungsberichte wurden von der Kommission überhaupt erst am späten Abend vor der Anhörung präsentiert; nur einige wenige Abgeordnete durften Einblick nehmen, aber nicht einmal Kopien anfertigen. Die ganze Veranstaltung war eine skandalöse Missachtung und Verhöhnung des Parlaments.

Das Verrückteste daran ist aber: Das Parlament ist an diesen Schikanen selbst mitschuldig. Im Jahr 2000 stimmte es einer Regelung zu, die den Zugang der

Abgeordneten zu vertraulichen Dokumenten auf skandalöse Weise einschränkt. Das Argument der Befürworter lautete damals: Kritik am Kommissionshaushalt unterminiere die Autorität der EU-Verwaltung ...

Auch unter den Abgeordneten selbst gibt es nur allzu viele, die lieber ein Auge zudrücken und ihre kritischen Kollegen als „Hexenjäger" und „Inquisitoren" beschimpfen. Als die Chefbuchhalterin der grünen Haushaltskommissarin Michaele Schreyer pflichtgemäß darauf hinwies, dass die Buchführung der Kommission unzuverlässig und betrugsanfällig sei, bevorzugten es die Parlamentarier, die Beamtin nicht anzuhören. Der frühere Revoluzzer Daniel Cohn-Bendit etwa, ein Parteigenosse der Kommissarin, plädierte für Rücksicht auf die Kommission. Die Beamtin wurde vom Dienst suspendiert.
Auch gegen den Sturz der Kommission im Jahr 1999 gab es innerhalb des Parlaments Widerstand. Siebzig Abgeordnete – darunter sämtliche freiheitliche Parlamentarier, von den übrigen österreichischen Delegationen aber nur ein einziger, nämlich der SPÖ-Abgeordnete Herbert Bösch – beteiligten sich bereits im Jänner 1999 an einem Misstrauensantrag gegen die Kommission; dieser wurde aber von einer knappen Mehrheit der Mandatare abgelehnt. Die ÖVP-Abgeordneten sprachen sich damals dezidiert gegen einen Misstrauensantrag aus. Erst zwei Monate später zwang das Ergebnis des Weisenberichts, den das Parlament angefordert hatte, die Kommissare zum Rücktritt.

Nicht nur die Feigheit und der Opportunismus vieler Parlamentarier unterminieren die Autorität des Parlaments als Kontrollinstanz. Das tun auch all jene Abgeordneten, die jahrelang eine transparente Spesenregelung im eigenen Haus verhinderten, und jene schwarzen Schafe unter ihnen, die das missbräuchliche System ausgenutzt haben. Denn wenn nicht einmal die Kontrolleure selbst mit ihren Geldern ordnungsgemäß umgehen, ist das fatal. Das gilt im Übrigen auch für den Europäischen Rechnungshof, den eigentlichen Kontrolleur der EU-Finanzen, der jährlich seinen (in der Regel schockierenden) Bericht über die Ausgabenpolitik der Union veröffentlicht. Wie sich gezeigt hat, sind auch dessen Mitglieder nicht davor gefeit, sich durch Tricks an den Kassen der Union zu bedienen. Um ihre Grundgehälter von rund 16.000 Euro monatlich noch zusätzlich aufzustocken, nehmen sie für sich einen so genannten Berichtigungskoeffizienten in Anspruch, der eigentlich für EU-Beamte geschaffen wurde. Demnach können bis zu dreißig Prozent des Einkommens in einen EU-Staat überwiesen werden, in dem ein Mitglied des Rechnungshofs einen Wohnsitz hat oder Familienangehörige versorgt. Liegen die Lebenshaltungskosten dort über dem Brüsseler Niveau, wird auf den Gehaltsanteil ein so genannter Kaufkraftausgleich gewährt. Im Fall Großbritanniens etwa liegt der bei immerhin 64 Prozent. Pensionisten können diesen Ausgleich sogar auf ihre gesamten Ruhestandbezüge kassieren. Dabei hatte der Rechnungshof selbst Mitte 2002 die Rechtmäßigkeit dieser Regelung angezweifelt ...

Derf's a bisserl mehr sein? Das verrückteste Agrarsystem der Welt

Seit Sommer 2003 ist sie unter Dach und Fach: die so genannte GAP-Reform, die Reform der Gemeinsamen Agrarpolitik. Mit ihr wird die bisherige Agrarförderung der Union auf den Kopf gestellt – oder eigentlich vom Kopf auf die Füße; denn erstmals hat man sich zu einem verhältnismäßig vernünftigen System durchgerungen. Grund genug für einen Rückblick auf das unsinnigste Agrarsystem der Welt.

Hinter den sieben Butterbergen

Ende der fünfziger, Anfang der sechziger Jahre des zwanzigsten Jahrhunderts, als in Europa noch die Nachkriegs-Angst vor Hungerwintern herrschte, errichtete man ein System, das sicherstellen sollte, dass Europas Landwirte genügend produzieren, und dass sie das Produzierte auch absetzen können. Dafür gab es vor allem zwei Instrumente: Preisstützungen und Exportsubventionen. Bestimmte Stellen waren verpflichtet, die ihnen angebotenen Produkte zu einem festgelegten Preis zu kaufen. Kleinbauern und Betriebe in schlechteren Lagen mit kleinen Erträgen profitierten dabei kaum; doch für jene Bauern, die über ertragreiche und fruchtbare Flächen verfügten und auf Produktionsmaximierung ausgerichtet waren, brachen goldene Zeiten an. Munter „landwirtschaftete" man drauflos, die Kassen füllten sich – und parallel dazu Europas Speicher. Die legendären Butterberge wurden höher und höher, die Milchseen größer und größer. Keinen Bauern brauchte es zu kümmern, dass seine Produkte gar nicht gebraucht wurden – die EG war ein treuer Abnehmer. Und für die Lagerung der Überschüsse (die bei Getreide allein ein Viertel der gesamten Förderungen verschlang) kam ebenfalls die Gemeinschaft auf.

Auf Brüssel war Verlass: Dort zahlte man nicht nur dafür, dass zu viel produziert wurde, man zahlte auch, um das Produzierte wieder loszuwerden. Auf dem Weltmarkt war man an Europas gigantischen Überschüssen auch nicht so wirklich interessiert. Also stützte Brüssel die Exportpreise seiner Landwirte; denn nicht zuletzt durch das europäische Überangebot waren die Preise auf dem Weltmarkt für Europas Bauern viel zu niedrig. Außerdem gab es sündhafte Importzölle, die dafür sorgten, dass die europäischen Produkte auf dem eigenen Markt konkurrenzlos blieben. Damit sperrte die EG auch die Farmer aus der Dritten Welt aus; aber die wurden – und werden bis heute – ohnehin durch Brüssels Preisdumping auf dem Weltmarkt zu Millionen in den Ruin getrieben.

Dieses System war zwar bar jeder Logik und die hirnrissigste Verschwendung europäischer Steuergelder, die sich Brüssel je einfallen hat lassen; doch es hatte seine treuen Freunde, die ihm jahrzehntelang jede Reform vom Leibe hielten. Unter diesen ist Frankreich hervorzuheben, dessen Bauern stets den Löwenanteil der Förderungen erhielten. Um Vernunfteinsprüchen durch Europas Volksvertreter zuvorzukommen, hatte Paris schon 1971 dafür gesorgt, dass das Europaparlament im Bereich der Agrarpolitik kein Mitspracherecht hat (eine Regelung, die erst mit der neuen EU-Verfassung ein Ende haben soll). So erfolgte die Mittelverteilung stets hinter verschlossenen Türen, nach den Gesetzen eines orientalischen Basars und dem Recht des Stärkeren. Kräftig unterstützt wurde Paris durch die europäische Agrarlobby – bekanntlich wanderte der Löwenanteil der Förderungen seit jeher an einige wenige große Agrar- und Tierfabriken.

Ein Schimmer von Vernunft

1992 schließlich, exakt drei Jahrzehnte nach der Einführung der Gemeinsamen Agrarpolitik, erschien ein Schimmer von Vernunft am politischen Horizont. In einer großen Reform wurden

die EU-Agrarpreise auf Weltmarktniveau gesenkt. Damit schrumpften aber nicht nur die Milchseen und Butterberge, sondern auch die Einkommen der Bauern. Folglich mussten wieder Subventionen her. Brüssel erfand also die so genannten Direktbeihilfen: Bullen- und Schafprämien, Anbaubeihilfen, Mutterkuhprämien, Hartweizensonderzuschläge und vieles mehr, bis hin zu Beihilfen für den Anbau von Seidenraupen. Und, nicht zu vergessen, die Ausgleichszulagen, mit denen Bauern dafür belohnt werden, dass sie nichts produzieren, indem sie ihre Felder brachliegen lassen.
Der Haken dabei: Die Mehrzahl dieser Beihilfen wurde nach der Produktionsmenge ausgezahlt; und so wurde wieder die Massenproduktion gefördert. Davon profitierten erneut einige wenige Großbetriebe, während die Überlebenschancen der kleinen Bauern von Jahr zu Jahr dahinschwanden. (Nach dem derzeitigen System erhalten sieben Prozent der Betriebe fünfzig Prozent der Mittel, die andere Hälfte der Zahlungen teilen sich die übrigen 93 Prozent.) Und da die Agrarlobby wieder fleißig am Werk gewesen war, zahlte der Steuerzahler mit der Reform nicht weniger, sondern sogar noch mehr als vorher.

HK DIREKT

Kein bisschen Mitleid

Im März 2004 fand im Europäischen Parlament eine Abstimmung über Tiertransporte statt. Ich brachte dabei mit anderen Abgeordneten die Forderung ein, die maximale Transportdauer auf acht Stunden zu beschränken. Eine Mehrheit sprach sich jedoch für eine Höchstgrenze von neun Stunden aus. Wie in allen Fragen, die den Landwirtschaftssektor betreffen, hat das Parlament aber auch in diesem Fall nur ein Anhörungsrecht. Die endgültige Entscheidung wird im Rat von den EU-Agrarministern getroffen. Dort blockieren vor allem Frankreich, Spanien, Griechenland und Italien eine Verbesserung der Transportbedingungen. Zwei Wochen nach der Abstimmung im Europäischen Parlament legte die irische Ratspräsidentschaft den Agrarministern einen „Kompromissvorschlag" zur Tiertransport-Verordnung vor. Demnach soll es überhaupt keine Begrenzung der Transportdauer geben.

Arme Schweine

Zu den wehrlosen Opfern des EU-Agrarsystems zählten seit jeher die Tiere. Bis heute erfolgen die Langstreckentiertransporte, die durch die EU-Exportsubventionen gefördert werden, unter unsäglichen Bedingungen. Und auch in der Tierhaltung kam man in Brüssel immer wieder zu dem Schluss: Eine Verschärfung des Tierschutzes wäre mit zu hohen Kosten verbunden und würde die Wettbewerbsfähigkeit der europäischen Tierzüchter in einem „unzumutbaren" Ausmaß beeinträchtigen. Man wies auch darauf hin, dass die Konsumenten nicht bereit wären, höhere Preise zu zahlen. Und so zahlten Europas Steuerzahler eben auf andere Weise. Da die Massenproduktion einen Lebensmittelskandal nach dem anderen auslöste, durften sie in den neunziger Jahren eine besondere „Lösung" des Überschussproblems finanzieren: die Vernichtung von Millionen und Abermillionen Schweinen, Rindern und Kälbern.

Im Zuge der Schweinepest von 1997 beteiligte sich die EU finanziell an der „Beseitigung" von fast neun Millionen Schweinen und Ferkeln. Zeitgleich bescherte die BSE-Krise Rindern und Kälbern dasselbe Schicksal. Damals kam es zur wohl schwärzesten Erfindung der EU-Agrarpolitik: der so genannten „Herodes-Prämie". Diese 1996 von der EU eingeführte Zahlung wurde jahrelang für neugeborene männliche Kälber gewährt, die spätestens zwanzig Tage nach ihrer Geburt getötet und zu Tiermehl verarbeitet wurden. Bis zu zwei Millionen Kälber wollte man bis Ende 1998 durch diese Massenvernichtungsaktion „vom Markt nehmen", um damit den Rindfleischmarkt zu „entlasten". Praktiziert wurde die Regelung von Frankreich, Portugal, Irland und vor allem Großbritannien. Aber selbst in Ländern wie Österreich, die sich gegen die Prämie entschieden hatten, war der Schutz der Kälber nicht garantiert. Über dunkle Kanäle wurden Kälberbabys in französische Tierkörperverwertungsanlagen gekarrt, und die Händler kassierten die Prämie. Als eine Parlamentarierin dazu im Jahr 1998 eine schriftliche Anfrage an die Kommission stellte, antwortete der österreichische EU-Kommissar Franz Fischler: Es bestehe „kein Zweifel daran, dass sich diese Prämie bei der Bewältigung der BSE-Krise sowohl unter dem Gesichtspunkt der Verringerung der künftigen Produktion als auch unter dem Gesichtspunkt der Rentabilität sehr gut bewährt hat".

BÄRENTUNNEL UND PFERDESAUNA

Man darf nicht ungerecht sein – zuweilen zeigen sich die Eurokraten durchaus tierliebend; allerdings nicht immer dort, wo es am nötigsten wäre. Ein Beispiel: Im Grenzgebiet zwischen Bulgarien und Griechenland, inmitten der Rhodopen, subventionierte die EU mehrere grenzüberschreitende Projekte, die Bulgaren und Griechen einander näher bringen sollten; darunter eine gewöhnliche zweispurige Straße. Die Bauarbeiten waren bereits in vollem Gang, da fiel den Griechen plötzlich ein, dass Bären durch die Straße gestört werden könnten. Die Bulgaren meinten zwar, an der fraglichen Stelle sei seit Jahren kein einziger Bär mehr gesichtet worden, doch nach einem zweijährigen Streit einigte man sich schließlich: Ein Tunnel sollte gebaut werden; dafür musste man eine 550 Meter tiefe Senke ausgraben, eine Tunnelkonstruktion hineinbetonieren, das Ganze wieder zuschütten und bepflanzen. Durch den Tunnel können nun die Autos fahren, über den Tunnel die Bären flanieren. Kostenpunkt: rund zehn Millionen Euro – gezahlt von den EU-Steuerzahlern.

Ein anderes Beispiel: Eine finnische Pferdepflegerin brachte Brüssel doch tatsächlich dazu, eine Sauna für ihre Pferde zu subventionieren. Als sie einen Förderantrag stellte, zierten sich die EU-Beamten zunächst; doch ein pferdemedizinisches Gutachten überzeugte sie, und die Pferdesauna wurde mit immerhin rund 15.000 Euro bezuschusst.
Das Geld für Bärentunnel und Pferdesauna kam aus dem zweitgrößten Fördertopf der EU: den so genannten Strukturfonds, die vor allem zur Entwicklung benachteiligter Regionen beitragen sollen und im Jahr 2003 33 Milliarden Euro, also rund ein Drittel des EU-Budgets, ausmachten. Ein weiteres Beispiel dafür, dass mit diesen Geldern nicht viel vernünftiger umgegangen wird als mit den Agrarsubventionen, ist der schönste Flughafen Europas. Er liegt auf der spanischen Ferieninsel Gomera und beeindruckt durch luxuriöse Steinfußböden, edle Springbrunnen und ein in die Fassade eingelassenes Kirchenportal. Fluggäste sucht

man hier allerdings vergeblich, nur kleine Privatjets benutzen die Landebahn. Der Grund: Die Piste ist für größere Flugzeuge viel zu kurz ...

Mit ein wenig Einfallsreichtum kann man von der EU eben fast alles erhalten. Auch ein Mann in Südungarn, der erklärte, Prostituierte von der Straße zu bringen, wurde in Brüssel einmal als förderwürdig erachtet. Ganz falsch war die Behauptung nicht; der Herr betrieb allerdings nicht, wie behauptet, ein Sozialzentrum, sondern ein Bordell.

Die Subventionsnascher

In ihrem jährlichen Betrugsbericht haben Europas Parlamentarier im März 2004 festgestellt, dass die Unregelmäßigkeiten rund um die Agrargelder seit dem letzten Jahr um 36 Prozent zugenommen haben. Nicht, dass die Kommission das einfach so hinnehmen würde. Im Februar gab sie bekannt, sie werde von den Mitgliedstaaten 143 Millionen Euro an Agrarmitteln zurückfordern, die nicht rechtmäßig verwendet wurden. Bei weitem den größten Anteil davon, nämlich 91 Millionen Euro, müssen die Franzosen zurückzahlen. Sehr treffend bemerkte dazu Kommissar Franz Fischler: „Das Geld der Steuerzahler in der EU muss ordnungsgemäß ausgegeben werden."
In Brüssel und auf nationaler Ebene ist man mit den Kontrollen hoffnungslos überfordert. Und Gaunereien kosten meist nichts: In der Regel müssen nur die Überzahlungen zurückerstattet werden. Doch selbst davon sieht Brüssel nur einen Teil wieder. Wenn die Beamten ihre Rückforderungen stellen, ist es häufig schon zu spät, und der betreffende Betrieb ist längst bankrott. Laut OLAF, der Anti-Betrugseinheit der EU, bekommt die Union nur zwischen 20 und 30 Prozent der ergaunerten Gelder wirklich zurück.

Die EU-Agrargelder machen gegenwärtig über 40 Milliarden Euro aus, das sind fast die Hälfte des gesamten EU-Budgets. Ein solcher Kuchen regt Subventionsbetrüger zu immer neuen kreativen Höhenflügen an. Die EU-Gremien dümpeln schwerfällig hinterher, und wenn sie jemandem auf die Schliche kommen, ist es meist schon Jahre zu spät. Dabei setzt Brüssel schon seit

Jahren auf „Fernerkundung“: Mittels Luftaufnahmen und Satelliten werden die Anbauflächen kontrolliert und mit den Anträgen in den elektronischen Datenbanken abgeglichen; damit können etwa Olivenbäume gezählt oder Getreidekulturen geprüft werden. Ein wenig Fantasie und Skrupellosigkeit genügen aber, um die Behörden zumindest eine Zeit lang zum Narren zu halten. So förderte Brüssel sogar zeitweilig Olivenhaine aus Pappkarton. Findige italienische Landwirte hatten Olivenbaum-Attrappen aufgestellt, fotografiert – und dafür EU-Gelder kassiert. Das produzierte Olivenöl kam in Wahrheit von Billigimporten. Aber auch ganz legal kassierten die Italiener Förderungen für spanische, türkische oder tunesische Oliven. Die betreffende Richtlinie aus dem Jahr 1998 nämlich besagte, der Ursprung des Öls werde „nicht unbedingt durch das Anbaugebiet definiert“, sondern durch den Ort der Verarbeitung. Öl galt somit als „Made in Italy“, wenn nur die Oliven im Lande gepresst wurden.

Auch bei Exportsubventionen wird gerne gemogelt. Ein Beispiel: Knapp 227.000 europäische Rinder wurden im Jahr 2002 an den Libanon verkauft – mit EU-Zuschüssen von 52 Millionen Euro. Auffällig ist nur, dass der libanesische Markt mit 3,7 Millionen Einwohnern bei weitem zu klein ist, um diese Menge verarbeiten zu können. Also wurde vermutlich ein großer Teil der Tiere illegal ganz woandershin geschafft, wenn nicht gar einfach ins Mittelmeer geworfen. Auch die so genannten „Karussellgeschäfte“ sind beliebt: Produkte werden subventioniert ausgeführt und dann heimlich zurück auf den europäischen Markt gebracht.

Die nationalen Behörden spielten ebenfalls schon öfters mit; so etwa bei der regelmäßig erforderlichen Meldung der nationalen Grundflächen an die Brüsseler Behörden: Da wurden die Zahlen gerne ein bisschen nach oben korrigiert; die Gefahr, durch einen Satelliten „überführt“ zu werden, war gering; denn bei Satellitenmessungen waren Abweichungen von 10 bis 20 Prozent ohnehin keine Seltenheit. Zuweilen genügte auch eine klitzekleine Änderung in einer Subventionsregelung, um Millionenförderungen locker zu machen. So hieß es etwa in einem Verordnungsentwurf, dass „deutsches“, nach Russland exportiertes Getreide subventioniert werde. Aus dem „deutschen“ Getreide machten findige französische Lobbyisten Getreide „aus

Deutschland". Und so genügte das minutenlange Zwischenlagern von Getreide in einem deutschen Hafensilo, damit auch die Franzosen in den Genuss der Förderungen kamen.
Einer der größten Viehimporteure und -Exporteure Europas wiederum, die mittlerweile liquidierte Firma IMEX, lukrierte jahrelang Unsummen von Export-Subventionen für EU-Rinder. Die amtlichen arabischen Zollstempel zum Siegeln der Ausfuhrpapiere fälschte man mit Münzabdrucken orientalischer Prägung – und Brüssel zahlte.

Die große Wende?

Spätestens die BSE-Krise hatte gezeigt, dass ein Systemwechsel in der Landwirtschaft unausweichlich war; und trotzdem musste Europa noch etliche Jahre auf Veränderungen warten. Im Juni 2003 schließlich einigten sich die EU-Agrarminister auf die Reform der Gemeinsamen Agrarpolitik. Damit werden die Stützungsmechanismen des Agrarsektors völlig verändert. Die wichtigste Neuerung ist die so genannte „Entkoppelung" der Beihilfen von der Produktion. Das heißt, die meisten Subventionen werden künftig unabhängig vom Produktionsvolumen gewährt. Dadurch soll die Überproduktion endgültig eingedämmt werden. Und erstmals werden die Bauern nicht nur als Produzenten, sondern auch als Landschaftspfleger und Naturschützer anerkannt. Die neuen „einzelbetrieblichen Zahlungen" werden künftig an die Einhaltung von Umwelt-, Lebensmittelsicherheits- und Tierschutznormen gebunden. Grünlandflächen und extensiv bewirtschaftete Standorte werden verstärkt gefördert. Damit gewinnt Qualität Vorrang vor industrieller Produktion. Und schließlich können die EU-Länder bis zu zehn Prozent der Direktzahlungen einbehalten, um damit besonders ökologische Formen der Landwirtschaft zu unterstützen.

Ein großer Schritt in die richtige Richtung, keine Frage. Aber schon kommen neue Probleme auf das EU-Agrarsystem zu. Zum Beispiel die Frage, wer in den nächsten Jahren die Subventionen für die neu beigetretenen Länder zahlt. Insgesamt nimmt mit der Erweiterung die Zahl der in der Landwirtschaft beschäftigten Menschen um 60 Prozent zu, die Wirtschaftsleistung in diesem Bereich steigt dagegen nur um rund fünf Prozent. Die Zusatzkosten werden bei Beibehaltung des gegenwärtigen Systems auf mindestens zehn Milliarden Euro geschätzt; insgesamt sind für die nächste Budgetperiode 2007 bis 2013 aber „nur" jährlich 43 Milliarden Euro an EU-Agrargeldern geplant – also nicht mehr als vor der Erweiterung. Statt weiterer Agrarreformen wird es in den nächsten Jahren also wohl wütende Verteilungskämpfe um diesen Geldtopf geben, denn die fehlenden Milliarden müssen ja irgendwo herkommen.

Einen Vorgeschmack darauf hat schon Polen, das am stärksten agrarisch geprägte Land unter den zehn Neuen, geliefert; rund ein Drittel der polnischen Bevölkerung ist direkt oder indirekt im Bereich der Landwirtschaft beschäftigt. Strikt hatten die EU-Regierungen den neuen Ländern die teuren Direktzahlungen an die Bauern verweigert. Polen jedoch stritt in den Beitrittsverhandlungen so lange, bis es seine Direktzahlungen hatte. Damit steigen die Einkommen der polnischen Bauern bis auf das Dreifache an; denn bei Beibehaltung des gegenwärtigen Systems entspricht die 25-prozentige Direktzahlung an kleine Betriebe (bis 10 Hektar) in Polen dem Zweifachen eines Monatslohns.

Und da die Agrargelder seit jeher Schwindler und Betrüger in der EU zu Glanzleistungen angespornt haben, macht man sich in Brüssel auf das Allerschlimmste gefasst. Denn ein großer Teil der neuen Länder hat nach wie vor ein Hauptproblem: die Korruption; und schon jetzt hat sich gezeigt, dass nicht alle mit einer ordnungsgemäßen Verwendung der Agrargelder zurande kommen. Hoffentlich ergeht es den Subventionen nicht wie in Estland den staatlichen Getreidevorräten: Im März 2004 kam ans Licht, dass ein Drittel der gesamten Vorräte spurlos aus einem Speicher verschwunden war.

EU-GELDER FÜR BLUT-FIESTAS

Der Umstand, dass Brüssel zwar für die europäische Landwirtschaft zuständig ist, der Tierschutz dagegen weitgehend in die Kompetenz der Mitgliedstaaten fällt, ist an einem der empörendsten Phänomene im EU-Agrarsystem schuld. Der Stierkampf in Spanien wurde von der EU jahrzehntelang nicht nur geduldet, sondern sogar subventioniert – und zwar über Agrarförderungen für die Rinderzucht. 210 Euro erhielt vor der Agrarreform jeder

Züchter pro männliches Tier, und das für bis zu 90 Tiere im Jahr. Seit 1987 gibt es diese Sonderprämienregelungen; sie gelten für alle männlichen Rinder und dienen der Förderung der europäischen Fleischerzeugung. Kampfstiere sind zwar in erster Linie auf den Stierkampf ausgerichtet; aber da sie ebenfalls nach dem Kampf dem Verzehr zugeführt werden, dürfen die Züchter auch für sie die Förderungen in Anspruch nehmen.
Die Stierkämpfe selbst werden von der EU als Teil der nationalen Identität eines Mitgliedstaates respektiert. Wie viele Anfragen hat es diesbezüglich nicht schon auf die EU-Kommission geregnet! Die Standardauskunft aus dem Ressort von Agrarkommissar Franz Fischler lautete: „Die Verwendung von Tieren für Freizeitzwecke (!) ist auf Gemeinschaftsebene nicht geregelt und fällt ausschließlich unter die Zuständigkeit des betreffenden Mitgliedstaats."

Eine Passage im Amsterdamer Vertrag von 1997 lautet: „Bei der Festlegung und Durchführung der Politik der Gemeinschaft in den Bereichen Landwirtschaft, Verkehr, Binnenmarkt und Forschung tragen die Gemeinschaft und die Mitgliedstaaten den Erfordernissen des Wohlergehens der Tiere in vollem Umfang Rechnung." Danach folgt: „ ... sie berücksichtigen hierbei die Rechts- und Verwaltungsvorschriften und Gepflogenheiten der Mitgliedstaaten insbesondere in Bezug auf religiöse Riten, kulturelle Traditionen und das regionale Erbe."
Die Absurdität liegt auf der Hand: In wie vielen Bereichen wird der EU nicht zu Recht vorgeworfen, mit allgemeinen Vorschriften nationale Traditionen eines Mitgliedstaates zu untergraben, die niemandem wehtun, außer vielleicht dem Handel. Und ausgerechnet in einem Fall, wo es nicht um Handelserleichterungen, sondern um den Schutz von Lebewesen geht, geht die Rücksicht auf nationale Traditionen vor. Schuld ist in diesem Fall nicht „Brüssel", sondern ausschließlich der Egoismus einiger europäischer Regierungen.

Ein spanischer EU-Parlamentarier, Javier Elorza, hat 1999 in einem Interview behauptet, derjenige gewesen zu sein, der den Schutz der nationalen Bräuche bei Tierschutzbelangen in den EU-Vertrag hineingebracht hätte. Seine Version der Geschichte lautete so: „... Sie wollten uns den Stierkampf verbieten. Und ich bin durch und durch Stierkampf-Anhänger. Also – es kostete mich ein paar Einladungen zum Essen – habe ich mir gemeinsam mit einem hervorragenden Gemeinschaftsjuristen folgende Kriegslist einfallen lassen: Wo es heißen sollte, die EU ‚respektiert das Wohlergehen der Tiere ...', fügten wir hinzu: ‚und respektiert

die kulturellen Traditionen ...'. Und so machten wir den Stierkampf unangreifbar!"
Offenbar ist dieser spanische Münchhausen seiner Prahlsucht erlegen, denn kein EU-Abgeordneter hat je den Text eines EU-Vertrags formuliert. Aber der wahre Kern dieser Geschichte ist, dass Europa den Schutz der kulturellen und religiösen Gebräuche in Tierschutzbelangen vor allem den Spaniern verdankt, die schlicht und einfach nicht auf ihre Stierkämpfe verzichten wollten. Auch die Briten sprangen ihnen bei, um ihre geliebte Fuchsjagd nicht zu gefährden.

Schon im Jahr 1989 gab es im Europäischen Parlament einen viel beachteten Vorstoß, die Subventionen für Kampfstiere abzuschaffen. Da jedoch in diesem Rahmen auch die Jagd in England kritisiert wurde, konnten keine Mehrheiten dafür gefunden werden, und die Aktion verlief im Sand. Jahre später starteten Abgeordnete erneut eine Initiative. Ein britischer Parlamentarier schlug vor, die Subventionen erst nach dem Tod eines jeweiligen Stieres auszuzahlen. Damit wäre eindeutig klar gewesen, wo und wie das Tier getötet worden war. Die EU hätte es dann ablehnen können, im Stierkampf getötete Rinder zu subventionieren. Agrarkommissar Franz Fischler versprach auch, sich mit diesem Vorschlag zu befassen; aber einige Mitgliedstaaten im Rat stellten von vornherein fest, dass sie einer solchen Neuerung niemals zustimmen würden.
Die EU-Kommission selbst wusch derweilen ihre Hände in Unschuld. Zunächst behauptete sie, es gäbe gar keine auf die Zucht von Kampfstieren spezialisierten Züchter in Spanien. Später gab man zwar die Existenz solcher Züchter zu, behauptete aber, man könne die Kampfstiere nicht von der Regelung ausnehmen; die Subventionen würden ja für die Tiere ausgezahlt, wenn sie neun Monate alt seien, und da könne man noch nicht wissen, welche von ihnen tatsächlich in den Ring geschickt würden. Tatsächlich müssen die angehenden Kampfstiere aber schon kurz nach der Geburt in ein (öffentlich einsehbares) Register des spanischen Landwirtschaftsministeriums eingetragen werden. Ansonsten gilt das Tier nicht als „Kampfstier" und darf auch nicht bei Stierkämpfen eingesetzt werden. Entweder die Kommission schützte also Unwissenheit vor, oder sie wurde von den spanischen Behörden jahrelang gezielt falsch informiert.

Die letzte (gute) Nachricht in dieser Angelegenheit: Das Europaparlament stimmte im Herbst 2003 im Rahmen einer Haushaltsdebatte erstmals mehrheitlich gegen die Zahlung von Subventionen für Kampfstierzüchter.

Ob der Ball von den Regierungen aufgegriffen wird, bleibt abzuwarten. Die Reform der Gemeinsamen Agrarpolitik von 2003 bringt jedenfalls keine wirkliche Verbesserung; die Förderungen werden zwar ab dem Jahr 2007 an Tierschutzanforderungen geknüpft; doch Tiere, die für „Freizeitzwecke" verwendet werden, bleiben von dieser Bestimmung weiterhin ausgenommen.

Der EU-Sprachenirrsinn

Wie viel Sprache verträgt die EU?

Neben dem sinnlosen Irrsinn etwa eines EU-Wanderzirkus liegt es in der besonderen Natur der EU, auch „sinnvollen Irrsinn" hervorzubringen. Dazu gehört zum Beispiel, wie man in Brüssel die EU-Sprachenvielfalt handhabt.
Die Gleichberechtigung aller EU-Sprachen ist ein unantastbares (besser gesagt: bis jetzt unangetastetes) demokratisches Grundprinzip der Gemeinschaft. Die Frage ist, wie lange es dieses Prinzip noch geben wird. Denn in der Praxis treibt der Sprachenbetrieb der Union mit bisher elf, seit 1. Mai aber zwanzig (und wohl bald noch mehr) Sprachen immer wahnwitzigere Blüten, ohne dass die EU dieser Entwicklung Einhalt gebieten kann. Bereits vor der Erweiterung wurden jährlich über drei Millionen Seiten von internen und externen Übersetzungsdiensten bewältigt. Und nunmehr gibt es nicht mehr wie bisher 110, sondern 380 Sprachkombinationen. Der Sprachdienst der Kommission (der größte der Welt) muss nun bis zu 105 Dolmetscher (über das Dreifache wie bisher) für eine einzige Sitzung zur Verfügung stellen – und das bei einer durchschnittlichen Anzahl von 11.000 Sitzungen im Jahr und bis zu 50 Sitzungen täglich.

Wie lange kann ein solches System wohl funktionieren, bis es in sich zusammenbricht oder sich ins Gegenteil verkehrt? Entweder entwickelt sich die EU weiter zu einem neuen Sprachbabel, in dem das Chaos nur durch gigantische Kosten abgewehrt werden kann; oder aber, noch schlimmer: Sie beseitigt dieses finanziell belastende und lähmende System, indem sie sich kurzerhand eine gemeinsame Sprache verordnet.

DIE 20 AMTSSPRACHEN DER EU

Dänisch • Deutsch • Englisch • Finnisch • Französisch • Griechisch • Italienisch • Niederländisch • Portugiesisch • Schwedisch • Spanisch • Estnisch Lettisch • Litauisch • Maltesisch • Polnisch • Slowakisch • Slowenisch Tschechisch • Ungarisch

Ein babylonischer Sprachenwirrwarr

Im demokratischen Herz der EU findet man die verrücktesten Auswüchse der EU-Sprachdemokratie. Das Europäische Parlament ist weltweit die einzige internationale Organisation, in deren offiziellen Sitzungen jede Sprache in jede andere übersetzt werden muss. Denn erstens darf die EU bei ihren Parlamentariern offiziell keine Fremdsprachenkenntnisse voraussetzen; und zweitens muss jeder EU-Bürger in allen Einzelheiten verstehen können, was in seinem Parlament passiert.
Das Ergebnis: In den Sitzungen herrscht ein babylonischer Sprachenwirrwarr, der nur deshalb niemanden um den Verstand bringt, weil er zeitgleich mithilfe hunderter Kopfhörer und einer Schar von Übersetzern entwirrt wird. Die kleinste Äußerung eines Abgeordneten muss von 19 Dolmetschern in alle übrigen Sprachen übersetzt – und außerdem in allen Sprachen in das Sitzungsprotokoll eingetragen werden. Sechzig Dolmetscher (drei pro Sprache) sitzen während einer einzigen Plenarversammlung in ihren Kabinen, nur um dafür zu sorgen, dass die Abgeordneten sich überhaupt miteinander unterhalten können.

Dass die Dänen im Europäischen Parlament als Letzte lachen, hat sich in der EU auch schon herumgesprochen. Nicht, weil sie so begriffsstützig sind, sondern weil es der komplizierte Übersetzungsablauf bei den Plenarsitzungen mit sich bringt, dass sie ihre Übersetzungen als Letzte zu hören bekommen. Überhaupt haben es Witze sehr schwer im EU-Parlament; denn entweder sie werden übersetzt – und sind dann meist keine mehr; oder sie werden gleich für unübersetzbar befunden. Da kann es dann passieren, dass den Parlamentariern gesagt wird: „Der Abgeordnete hat einen Witz gemacht, der sich nicht ins Deutsche übertragen lässt. Bitte lachen Sie!“

Zu den zweihundert bis fünfhundert Dolmetschern, die täglich für die Abgeordneten im Einsatz sind, gesellen sich die Übersetzer, die dafür sorgen, dass alle schriftlichen Dokumente des Parlaments in allen Sprachen zur Verfügung stehen. Die Parlamentarier sind diesen Komfort so gewöhnt, dass sie sich oft empören, wenn informelle Dokumente der Kommission nur auf Englisch oder Französisch vorliegen. Ein dänischer Sozialdemokrat weigerte sich einmal, einen französischen Kommissionstext zu lesen – mit der Begründung: „Ich kann alles auf Französisch, nur nicht lesen."

Die erweiterte Konfusion

Die Erweiterung ist die größte sprachliche Herausforderung für die Union seit ihrer Gründung. Zunächst einmal musste pünktlich zum 1. Mai 2004 das gesamte 85.000 Seiten umfassende Gemeinschaftsrecht der Union in allen neuen Sprachen vorliegen. Dabei stieß das Mammutprojekt immer wieder auf ungeahnte Hindernisse: Wie zum Beispiel übersetzt man das Wort „Ombudsmann" ins Lettische, wenn diese Einrichtung in Lettland völlig unbekannt ist? Auch mit Fachbegriffen aus der Fischerei haperte es im Lettischen. Da den Letten nämlich im Kommunismus der Fischfang verboten war (aus Furcht, sie würden die Boote zur Flucht benutzen), waren die Ostseefischer in der Regel Russen; die russischen Ausdrücke mochte man aus Nationalstolz jedoch auch nicht übernehmen. Wo das EU-Recht aber nicht in der Landessprache vorliegt, ist es für die Bürger des betreffenden Landes streng genommen nicht verbindlich.
Für gewisse Sprachen wie das Lettische und Slowenische fehlt es noch dazu an Übersetzern; dass die sich nicht von einem Tag auf den anderen „aus dem Boden stampfen" lassen, hat sich schon am Beispiel Griechenlands gezeigt: Zwanzig Jahre nach dessen Beitritt strudelt sich Brüssel immer noch ab, wenn es darum geht, griechische Übersetzer aufzutreiben.

„Den Vogel abgeschossen“ hat aber Malta: Das künftig kleinste EU-Land mit der Einwohnerzahl einer größeren Provinzstadt hat darauf bestanden, dass Maltesisch als offizielle Sprache in der EU anerkannt wird (obwohl das Englische ebenfalls Amtssprache ist und jeder Einwohner diese Sprache beherrscht). Nun muss jedes offizielle Dokument und noch vieles mehr für die 390.000 Malteser übersetzt werden. Nur eines haben sie auf Malta nicht bedacht: Die dafür erforderlichen achtzig Übersetzer gibt es (bislang) schlicht und einfach nicht; und von den wenigen, die sich bewarben, bestand kein einziger das Auswahlverfahren.

Und schon drängen weitere Sprachen in die EU nach – etwa das Rumänische, das Bulgarische und das Türkische. Die Frage, ob man nicht auch das Russische als Amtssprache aufnehmen soll, wird in den EU-Gremien ebenfalls diskutiert. Immerhin gibt es in den Beitrittsländern über eine Million russisch sprechender Menschen, die sich beschweren, dass die EU ihre Sprache ausgrenzt. Ein angehender lettischer Abgeordneter hat schon verkündet, er werde in der EU um alle Minderheitensprachen kämpfen – die da sind: Russisch, Walisisch, Katalanisch, Flämisch, Gälisch …

Der (französische) EU-Sprachenstreit

Hinter den Kulissen der friedlichen Sprachdemokratie ist der EU-Sprachenstreit schon längst im Gang; so richtig streitet bislang allerdings nur einer – Frankreich.
Die Franzosen sind überzeugt, dass in der EU nur eine Sprache regieren darf: das Französische – zumal die Briten ja erst 1973 der EU beigetreten sind und ohnehin nicht so wirklich „mitmachen“ wollen.

Heute werden 57% aller Dokumente zuerst auf Englisch abgefasst, bevor sie in andere Sprachen übersetzt werden, dagegen nur 29% auf Französisch; vor zehn Jahren war es noch fast die Hälfte. Und die Erweiterung wird das Übergewicht des Englischen unter den Eurokraten noch verstärken: Von den osteuropäischen Kandidaten, die sich für eine Stelle im

Beamtendienst beworben haben, haben 69 Prozent ihre Prüfung auf Englisch abgelegt, 18 Prozent auf Deutsch und nur 13 Prozent auf Französisch.

Also hat sich Paris etwas einfallen lassen: Die zehn angehenden Kommissare aus den neuen Ländern wurden von der französischen Regierung zu exklusiven Französischkursen eingeladen. Auf einem Schloss nahe dem südfranzösischen Avignon werden sie und ihre engsten Mitarbeiter großzügig auf Kosten der Pariser Regierung in französischer Sprache und Kultur geschult.

PARISER GESCHICHTSAUFFASSUNG

„Vergessen wir nicht, dass Frankreich ein Gründungsmitglied, ja sogar DAS Gründungsmitglied der Europäischen Union ist!" (Konventspräsident Giscard d'Estaing Anfang 2001 in einer Rede vor dem französischen Parlament)

Und wo bleibt bei alledem das Deutsche – jene Sprache, die in der EU von den meisten Menschen gesprochen wird? Gerade einmal ein Prozent der Dokumente wird im Arbeitsalltag der Kommission auf Deutsch verfasst. Die Schuld dafür liegt vor allem bei Deutschland, das im Unterschied zu Frankreich nie eine wirkliche Sprachpolitik in Europa betrieben hat. Und so gilt bei vielen Ratstreffen für die deutschsprachigen Mitglieder: Wem Englisch und Französisch nicht genügen, der darf die deutsche Übersetzung aus eigener Tasche bezahlen. Schon 1999 machten die Finnen während ihrer Ratspräsidentschaft böses Blut, indem sie bei den informellen Ministertreffen das Deutsche einfach beiseite ließen. Als Deutsche und Österreicher sich beschwerten und das Treffen boykottierten, warf ihnen der finnische Präsident vor, sie würden sich eine privilegierte Position anmaßen. Zwei Jahre später wiederholte sich dasselbe mit der schwedischen Präsidentschaft. Nach dem Motto „Was ich nicht bekomm, soll auch der andere nicht haben" bot Gerhard Schröder den Schweden damals an, auf die deutsche Übersetzung zu verzichten – aber dafür müsse auch das Französische wegfallen ...

In Brüssel weiß man, dass die EU außer ihren offiziellen Amtssprachen noch eine weitere geheime Sprache hat: das „Eurokratische". So nennt man das ganz spezielle fachsprachliche Kauderwelsch, das Brüssels Beamten und Politiker in ihrer täglichen Arbeit produzieren. Eurokraten sind es so gewohnt, sich in verschiedenen Sprachen auszudrücken, dass sie am Ende bisweilen keine mehr richtig beherrschen. Daher muss Brüssel sogar ganz besondere „Übersetzer" für seine Beamten bereitstellen; ihnen obliegt die Aufgabe, das von Eurokraten verschiedenster Nationen produzierte „Englisch" in ein „wirkliches" Englisch zu übertragen …

Wie aus einem Parlamentarier ein wasserdichter Mantel wurde

Rufen Sie einmal in der für Übersetzungen zuständigen Generaldirektion der Europäischen Kommission an und fragen Sie nach „Übersetzungsfehlern". Sie werden zu hören bekommen: „Die gibt es bei uns nicht." Wenn Sie keine Ruhe geben, wird Ihnen dann gesagt: „Darüber können wir Ihnen keine Auskunft geben, wir führen über solche Fehler (!) nicht Buch ..." – Also gibt es sie doch ... Jeder, der in der EU Reden hält und hört, Dokumente verfasst und liest oder sich im Hintergrund als Übersetzer abmüht, weiß natürlich: Der Weg der Verständigung im EU-Alltag ist voll von sprachlichen „Hoppalas". Oft sind sie lustig, manchmal auch folgenschwer.

Allein der Beitritt Österreichs hat nicht nur den Wortschatz der EU bereichert, sondern auch den Übersetzern (die ihr Deutsch in der Regel irgendwo zwischen Hamburg und München erlernt haben) zu kiefeln gegeben. Ratlos standen sie vor Worten wie „Pickerl" oder „pragmatisieren", aber auch vor unseren „Erdäpfeln" und anderen Austriazismen für Obst- und Gemüsesorten. Unser Agrarkommissar Franz Fischler aber war für sie ein besonders schwer verdaulicher Brocken. Als er in einer Plenarsitzung im Europaparlament erklärte: „Die Krot werden wir schlucken müssen", da mussten durch die Bank alle Dolmetscher kapitulieren. Aber natürlich geht es ihnen nicht nur mit uns Österreichern so. Einmal etwa wunderten sich die anwesenden deutschsprachigen Parlamentarier sehr, als ein britischer Kollege aus heiterem Himmel von sich behauptete, ein „wasserdichter Mantel" zu sein. Der deutsche Dolmetscher war nicht mit dem Hintersinn des englischen Wortes „anorak" vertraut gewesen (die Briten bezeichnen damit auch eine Person, die sich obsessiv mit irgendeinem obskuren Thema beschäftigt).

Was für seltsame Verwandlungen im Europaparlament mit den Menschen passieren können, zeigte sich auch in einer Parlamentssitzung, als aus den „drei Weisen", die im Jahr 1999 für das Parlament den legendären Korruptionsskandal in der Kommission untersuchen sollten, unversehens „drei Affen" wurden. Nicht, dass man die „Weisen" beleidigen hätte wollen oder mit ihnen unzufrieden war; nein, ein deutscher Dolmetscher hatte nur das französische Wort „sages" für „Weise" als „singes" (französisch für „Affen") missverstanden.
In der Hektik kann es auch passieren, dass ein Übersetzer statt von „100 Tonnen Bruchreis" von „100 Tonnen Brechreiz" spricht. Parlamentarier sind das gewohnt. Wenn also einmal etwas ganz unglaublich klingt, so denkt man zuallererst an einen Übersetzungsfehler. So war es auch, als Silvio Berlusconi den sozialistischen deutschen Abgeordneten Martin Schulz einlud, in einem italienischen Nazi-Film als KZ-Wärter mitzuspielen. Erst nach minutenlanger Verzögerung brach der Tumult im Plenarsaal aus. Das lag aber nicht daran, dass EU-Abgeordnete phlegmatischer wären als andere Menschen; sie mussten nur zunächst auf die Übersetzung warten und brauchten dann noch einige Zeit, um sicher zu sein, dass es nicht der Dolmetscher war, der etwas vermurkst hatte ...

Auch bei Schriftstücken ist immer wieder für Überraschungen gesorgt; so zum Beispiel bei der EU-Wegekostenrichtlinie, zu der ich im Umweltausschuss die Stellungnahme verfasst habe. Eine meiner wichtigsten Forderungen darin ist die „Internalisierung der Kosten". Das bedeutet, dass „externe" Kosten, die etwa durch Gesundheits- und Umweltschäden entstehen, in die Kosten für den Verkehr mit einberechnet, also „internalisiert" werden sollen. Im Bericht meines italienischen Kollegen Luigi Cocilovo, der die Richtlinie im Verkehrsausschuss betreut, ist ebenfalls davon die Rede. Der deutsche Übersetzer schmuggelte allerdings fünf Buchstaben dazu und machte so aus der „Internalisierung" eine „Internationalisierung" der Sozial- und Umweltkosten des Verkehrs. Als ob er gewusst hätte, dass dem in den Fängen der italienischen Verkehrslobby befindlichen Berichterstatter Cocilovo die „Internalisierung" der Verkehrskosten ein Graus ist ...

Auch dass man für die künstliche Befruchtung von Kühen gefrorene Seeleute brauche, hat seinerzeit einige Verwirrung gestiftet. Gemeint waren „gefrorene Samen" – der deutsche Übersetzer hatte die englischen Wörter „semen" und „seamen" verwechselt. Wieder ein anderer übersetzte kurzerhand das Wort „copyright" als „Recht zu kopieren". Viele solche Fehler kommen auch daher, dass Brüssels Sprachkünstler sich immer mehr auf Übersetzungscomputer verlassen; ein solcher machte zum Beispiel in einem EU-Dokument aus einem „Warenhaus" ein „Hurenhaus".

Selten aber doch sind „Übersetzungsfehler" gar keine Fehler, sondern bewusste Manipulationen, die dem Übersetzer aus politischen Gründen nahe gelegt werden. Ein Beispiel dafür: In einer Mitteilung der Kommission ging es um das Recht der Mitgliedsländer, straffällig gewordene ausländische Unionsbürger auszuweisen. Laut französischem Urtext sollte eine Ausweisung nur dann erlaubt sein, wenn der Betroffene ein schweres Vergehen begangen hatte. In der deutschen Fassung lautete dieser Schlüsselsatz ein wenig anders: Dort bekam man den Eindruck, eine Ausweisung sei bei strafrechtlichen Handlungen generell zulässig. Der Übersetzer hatte einen Nebensatz eindeutig sinnentstellend interpretiert. Zufall?
Wohl nicht. In Deutschland – insbesondere in Baden-Württemberg und Bayern – herrschte in dieser Hinsicht eine weit strengere Praxis als etwa in Frankreich und Italien. Um Einsprüche aus Deutschland zu vermeiden, hatte man also einfach die gefährliche Stelle den deutschen Bedürfnissen „angepasst". Auch so wird Politik gemacht.

Warum hat mich niemand lieb?

Um aus einem Supermarkt einen Superstaat zu machen, braucht es nicht zuletzt eines: verbindende Symbole. Die EU hat schon eine ganze Reihe davon auf Lager: die EU-Flagge, die EU-Hymne, den EU-Feiertag, die EU-Währung und schließlich das noch kaum bekannte EU-Motto „Vereinigt in Vielfalt". Auch Brüssel dient in gewisser Weise als Zeichen für die EU. All diese Elemente haben wirklich Symbolcharakter; allerdings vielleicht nicht ganz in der Weise, wie die EU es gern hätte ...

Brüssel – das Murmansk des Westens

Die Belgier kennen ein bemerkenswertes Wort. Es heißt „bruxeliser“ (deutsch „verbrüsseln“). Verwendet wird es, wenn etwas Schönes abgerissen und durch etwas Hässliches ersetzt wird – „verschandeln“ oder „verhunzen“ würden wir in Österreich am ehesten dazu sagen. Die Belgier denken dabei an die Bauwut der siebziger Jahre in ihrer Hauptstadt, als man in kürzester Zeit straßenweise schöne Häuser niederriss und an ihre Stelle formlose Neubauten setzte. Ein unangenehmes Gefühl beschleicht einen, wenn man weiß, dass diese sprichwörtliche Verschandelung mit der EU zu tun hat; dem aus dem Boden gestampften Europa-Viertel wurde damals rücksichtslos ein alter Stadtteil, das so genannte „Leopold-Viertel“, geopfert. Ist es das, worauf die „Verbrüsselung“ Europas hinausläuft?
Die Brüsseler „Europolis“ ist eine eigene Stadt in der Stadt, die seit Jahrzehnten als riesige Baustelle mitten in Brüssel dahinwuchert und die alte Stadt langsam zugrunde richtet. Die Immobilienpreise im Umfeld der EU-Institutionen haben sich in den letzten zehn Jahren mehr als verdoppelt. Die Belgier müssen in andere Stadtteile oder vor die Tore Brüssels übersiedeln. Am Kontakt mit ihnen haben die Eurokraten ohnehin nicht viel Interesse. Sie schicken die Kinder in eine Europaschule, haben ihre eigenen Restaurants und ihre eigenen Sportklubs. So viel zur von der EU gepredigten „Verständigung und Toleranz“.

BRÜSSEL ODER MURMANSK?

Vor einigen Jahren wurden finnische Diplomaten befragt, in welchen Städten sie am liebsten bzw. am wenigsten gern arbeiten würden. An letzter Stelle lag das sibirische Murmansk. Davor – Brüssel. Ja, sogar die nigerianische Hauptstadt Lagos, wo damals Folter und willkürliche Hinrichtungen auf der Tagesordnung standen, war beliebter.

Ein Korrespondent der BBC nannte Brüssel die „schmutzigste und schäbigste Stadt der EU“ – Athen eingeschlossen. Brüssel ist auch gefährlich kriminell: 30 Raubüberfälle erlebt die belgische Metropole täglich; besonders begehrte Opfer sind EU-Beamte und -Politiker. Eine deutsche Abgeordnete etwa wurde direkt vor dem Parlament überfallen: Die Überwachungskamera filmte mit, die Sicherheitsleute schauten zu; laut Hausordnung durften sie ihren Posten nicht verlassen. Ein weiterer Kollege fuhr nachts aus Sicherheitsgründen mit dem Taxi nachhause – was geschah? Er wurde vom Taxifahrer beraubt.

2001 trommelte der belgische Ratsvorsitz zur „Rettung" Brüssels eigens einen prominenten Weisenrat zusammen, mit Persönlichkeiten wie dem Schriftsteller Umberto Eco oder dem ehemaligen Intendanten der Salzburger Festspiele Gérard Mortier. Sie sollten nach Möglichkeiten suchen, wie man die strukturellen Probleme lösen und Brüssel zu einer würdigen Hauptstadt der Europäer machen könnte. Aber die „Weisen" wussten nur einen Ausweg: Die gesamten EU-Einrichtungen sollten auf ein aufgelassenes Industriegelände der Familie Thurn & Taxis ausgesiedelt und dort von Grund auf neu errichtet werden ...

Am Ende der Fahnenstange

Was es mit den zwölf Sternen auf der EU-Flagge auf sich hat, darüber sind sich zum Teil nicht einmal EU-Politiker im Klaren. So stellte ein Parlamentarier von der euroskeptischen britischen Unabhängigkeitspartei einmal eine schriftliche Anfrage an die Kommission. Er wollte wissen, warum die Fahne trotz der nunmehr fünfzehn Mitgliedstaaten immer noch nur zwölf Sterne habe. Österreich, Finnland und Schweden seien nun der EU beigetreten, die müssten doch auch einen bekommen ... – Tja, man hatte nicht einfach vergessen, die Flagge auf den neuesten Stand zu bringen; die Zahl der Sterne hat in Wahrheit mit der Zahl der Mitgliedstaaten nichts zu tun. Die Flagge existiert bereits seit dem Jahr 1955 und war anfangs das Emblem des Europarates. 1985 wurde sie schließlich von der EU übernommen. Die Zahl zwölf ist traditionell das Symbol der Vollkommenheit, Vollständigkeit und Einheit.
Vor einigen Jahren wurde der holländische Star-Architekt Rem Koolhaas von der EU beauftragt, ein Zeichen zu finden, das die beiden Grundprinzipien der EU, Einheit und Vielfalt, vereinen sollte. Der Architekt entwarf kurzerhand eine neue Flagge:

Beginnend mit Irland im Westen und endend mit Griechenland, zerlegte er die Flaggen der einzelnen Mitgliedstaaten in farbige Streifen, die er schlicht nebeneinander setzte. Als das Ergebnis im Beisein des Kommissionspräsidenten Romano Prodi offiziell präsentiert wurde, trauten die Gäste ihren Augen nicht: Die Fahne sah (von den Farben einmal abgesehen) einem Supermarkt-Barcode zum Verwechseln ähnlich! Das war doch nicht ganz das Image, das Brüssel haben wollte. Koolhaas wolle wohl Europa als ein dem Konsum gewidmetes Gebilde lächerlich machen, empörten sich Kritiker.

Eine Hymne, die man nicht singen kann

Als EU-Hymne dient die berühmte Vertonung von Friedrich Schillers „Ode an die Freude" aus Ludwig van Beethovens neunter Symphonie. Kurios dabei ist nicht nur, dass die Europäer von ihrem gemeinsamen Lied noch kaum etwas wissen – dabei wurde dieses schon 1985 eingeführt; noch kurioser ist, dass es sich dabei um die einzige Hymne auf der Welt handelt, die keinen Text hat: eine Hymne also, die man eigentlich gar nicht singen kann. Tatsächlich steht Brüssel seit Jahren vor einem schier unüberwindlichen Hindernis: Welche Sprache soll der Musik unterlegt werden, wenn doch in der EU alle Sprachen gleichberechtigt sind?

Einen kuriosen Lösungsansatz hat ein österreichischer Professor geliefert: Er dichtete kurzerhand den deutschen Originaltext der Ode ins Lateinische um. Kommissionspräsident Romano Prodi bekam bei einem Kurzbesuch in Wien Anfang 2004 eine Aufnahme davon überreicht, zeigte sich angeblich „höchst erfreut" und sagte zu, weitere Möglichkeiten zu prüfen – über das Ergebnis ist noch nichts bekannt. Aber da das Gros der Europäer – mich eingeschlossen – das Lateinische vor allem mit Lernqualen verbindet, wird dem gut gemeinten Vorstoß wohl kein Erfolg beschieden sein.

Man könnte sich allerdings auch vom Filmklassiker „Die Brücke über den River-Kwai“ inspirieren lassen und die Europahymne einfach pfeifen. Strammstehende Staatschefs, die mit der Hand auf dem Herzen und vollen Backen Beethovens Meisterwerk pfeifen – die Welt würde uns beneiden ...
Die in EU-Angelegenheiten stets streitbare britische Boulevardzeitung „Sun“ hat übrigens schon klargestellt, England werde die europäische Hymne nie und nimmer akzeptieren; es komme doch gar nicht in Frage, dass man sich von Brüssel „God save the Queen“ wegnehmen lasse ...

Der Euro – Europa im Jahre Null

Als „historisches“ Ereignis wurde die Einführung des Euro von offizieller Seite gefeiert. Historisch sind auf jeden Fall die Flops, mit denen die neue Währung ihre Laufbahn begonnen hat. Erinnern Sie sich noch daran, wie wenige Tage vor dem Startschuss für die Euro-Ära Panik unter Europas Automatenherstellern ausbrach? Zufällig hatte sich herausgestellt, dass die thailändische Baht-Münze in den vier Grundmerkmalen Durchmesser, Dicke, Legierung und Oberfläche fast identisch mit der Zwei-Euro-Münze war – mit dem kleinen Unterschied, dass ihr Wert gerade mal 25 Cent entsprach.
Auch nicht unbedingt förderlich für das Vertrauen der Konsumenten war, dass das nigelnagelneu glänzende Kleingeld nach wenigen Wochen schon oxydierte und unansehnlich wurde. Dass auch die Euro-Scheine unserem alten Schilling-Papiergeld nicht annähernd das Wasser reichen können, wurde einem spätestens dann klar, wenn man einen halb aufgelösten oder gar angefaulten Schein aus einem durchnässten Geldtascherl oder einer Waschmaschine bergen musste. (Es habe keine Notwendigkeit bestanden, die Banknoten waschmaschinenfest zu machen, da sie hauptsächlich als Zahlungsmittel und nicht in der Waschmaschine zum Einsatz kämen, antworteten die Euro-Macher damals auf Beschwerden.) Zu allem Überfluss ist der Euro auch noch eine Gentech-Währung, wie zwei deutsche Gentechnikexperten ans Tageslicht gebracht haben. Das Rohmaterial der Geldscheine, die Baumwolle, wird auf einem globalisierten Markt erworben, der zu einem

beträchtlichen Teil aus Baumwolle von gentechnisch veränderten Pflanzen besteht.

Der Euro werde zu den fälschungssichersten Währungen der Welt gehören, hieß es. Allein im zweiten Halbjahr 2003 wurden europaweit 311.925 falsche Euroscheine entdeckt. Und im April 2004 wurde in einer italienischen Fälscherwerkstatt Euro-Falschgeld im Nennwert von sage und schreibe 30 Millionen Euro sichergestellt. Der Euro werde den Verbraucher nicht belasten, versicherten schwarze und rote Europrediger: Heute sind sie dazu übergegangen, den Konsumentenbetrug, den sie nicht mehr leugnen können, totzuschweigen. Neunzig Prozent der Österreicher sind laut einer Umfrage von Beginn 2004 davon überzeugt, dass der „Teuro" für die massiven Preissteigerungen verantwortlich ist.

Die unbekannte Bertha

Nicht nur in Österreich kam es in den ersten Monaten nach der Euro-Einführung vor, dass man mit einer Münze zahlen wollte und etwa vom Postbeamten zu hören bekam: „Des is a spanische, die nehma net." Selbst „an der Quelle", in Brüssel, konnte einem Ähnliches passieren. Einer meiner Mitarbeiter etwa versuchte, mit einem österreichischen 2-Euro-Stück eine Briefmarke zu kaufen. Was geschah? Der Trafikant drehte und wendete minutenlang das Geldstück und fragte schließlich, wer denn die Dame auf der Hinterseite sein solle; auf die Antwort, das sei Bertha von Suttner, und es handle sich hier um einen österreichischen Euro, folgte eine Nachdenkpause. Nachdem der gute Mann schließlich für sich die Frage geklärt hatte, ob Österreich wirklich ein EU-Land ist, kam mein Mitarbeiter endlich zu seiner Briefmarke.

Und diese Währung soll Europa zusammenschweißen? Abgesehen von allem Übrigen: Aus einem reinen Wirtschaftsprojekt lässt sich einfach kein geistiges Bindemittel machen. Allein das Design verrät mehr über die Widersprüche des Projekts Europa, als der EU selbst lieb sein kann. Auf den Geldscheinen sieht man kein menschliches Wesen, keine Landschaft, keinen Hinweis auf eine gemeinsame Vergangenheit, das viel beschworene „gemeinsame Erbe". Stattdessen sollen fiktive Tore und Brücken für „Kommunikation", „Offenheit" und „Völkerverbindung" stehen. Régis

Debray, französischer Philosoph und enger Berater des verstorbenen französischen Staatspräsidenten François Mitterrand, hat es auf den Punkt gebracht: „Der Euro ist Europa im Jahre null", schrieb er einmal. Das Euroland ist ein Niemandsland.

DIE WIRKLICHEN PROBLEME

Am schwersten mit der Einführung der neuen Währung hatten es seinerzeit die Franzosen. Zunächst hatte man jahrelang erfolglos darum gekämpft, dass das gemeinsame europäische Geld den Namen einer alten französischen Währung, „Ecu", erhielt. Stattdessen kamen der „Euro" und der „Cent" – und damit die schwierige Frage: Wie sollte man im Französischen mit diesen zwei „Ausländern" umgehen?

Viele Wochen und viel Geld verwendete die dem Premierminister unterstellte „Kommission für Terminologie und Neologie" auf die Lösung der heiklen Frage: Welches Geschlecht hat der Euro? Schließlich kam man zur Erkenntnis: „Das Wort tendiert eindeutig zum Männlichen." Noch mehr Kopfzerbrechen verursachte die Aussprache des „Cent". Die kampflose Übernahme eines englischen Wortes kommt nicht in Frage, entschieden Frankreichs Sprachhüter; und so machte man aus dem Cent kurzerhand den alten „Centime" – den eben erst abgeschafften kleinen Bruder des „Franc"! Die Wirtschaft freute sich – immerhin war der neue Centime siebenmal mehr wert als der alte ... Für die Zeit der Umstellung, empfahl die Regierung, könne man ja einstweilen „Eurocentime" sagen.

Auch aus der Frage, wie man die gemeinsame Währungszone in Frankreich nennen sollte, wurde eine Staatssache. „Euroland" sei nicht statthaft, entschied schließlich die Académie Française, die offizielle Sprachhüterin der Nation; denn es handle sich beim Euroraum nicht um einen souveränen Staat und nicht einmal um eine Konföderation. Außerdem spreche man auch nicht vom Dollarland oder vom Sterlingland. Kurz und gut, der richtige Ausdruck könne nur „Eurozone" lauten.

Den Zorn einiger Franzosen hat sich übrigens die Europäische Zentralbank zugezogen. So findet sich im Internet eine französische Seite, die über den Euro informiert und auch nützliche Links zu weiteren einschlägigen Internetseiten angibt. Zur Europäischen Zentralbank wird allerdings nicht verlinkt – aus gutem Grund, wie man auf der französischen Euro-Seite liest: „Diese Seite ist praktisch zur Gänze auf englisch gestaltet – eine Unverschämtheit, wenn man bedenkt, dass Großbritannien gar nicht zu den Euroländern gehört!" Wenn der Leser unbedingt wolle, könne er die Internetadresse ja mit der Hand eintippen ...

VI.
VON AEIOU ZU AOIEU*
***ALLES ÖSTERREICH IST EUROPA UNTERTAN**

Der Österreich-Boykott oder Als Europa sein Gewissen entdeckte

Der deutsche Philosoph Peter Sloterdijk auf die Frage, ob sich die Debatte um europäische Werte durch die Sanktionen gegen Österreich bewegt habe:
„Ja, rückwärts."

Vier Jahre ist es her, dass Österreich in einem widerwärtigen Mischmasch aus politischer Agitation, Heuchelei, Dilettantismus und Ignoranz innerhalb der EU zum Paria erklärt und unter Quarantäne gestellt wurde. Vorweg zur Erinnerung nochmals die wichtigsten Fakten: Bei der Wahl zum österreichischen

Nationalrat am 3. Oktober 1999 erhielt die SPÖ 33,2, die ÖVP 26,9 und die FPÖ ebenfalls 26,9 Prozent der Stimmen. Die Koalitionsverhandlungen zwischen ÖVP und SPÖ scheiterten an strittigen Sachfragen, die SPÖ lehnte eine Koalition mit der FPÖ ab, und so zeichnete sich zum ersten Mal eine Regierungsbeteiligung der Freiheitlichen in Form einer Koalition mit der Volkspartei ab.

Wenige Tage nach dem Startschuss der Verhandlungen zwischen ÖVP und FPÖ, am 31. Januar 2000, kündigte die portugiesische EU-Ratspräsidentschaft in der Person des sozialistischen Präsidenten Antonio Guterres bilaterale Maßnahmen der übrigen EU-Staaten gegen die österreichische Regierung an, sollte es zu einer FPÖ-Regierungsbeteiligung kommen. Die Begründung: Durch eine Koalition mit den Freiheitlichen drohe eine Verletzung der gemeinsamen europäischen Werte.
Die Maßnahmen traten mit Angelobung der Regierung am 4. Februar 2000 in Kraft. Drei Wochen später trat Jörg Haider, der „Stein des Anstoßes“, von der FPÖ-Parteispitze zurück. Auf dem EU-Gipfel in Lissabon im März bettelte Bundeskanzler Wolfgang Schüssel vergeblich um ein Ende der Sanktionen. Im Mai beschloss die österreichische Regierung einen Aktionsplan: Falls die Sanktionen bis zum Ende der portugiesischen Präsidentschaft nicht aufgehoben würden, sollte eine Volksabstimmung über die EU-Mitgliedschaft Österreichs abgehalten werden.

Irland, Italien, Spanien, Griechenland, Finnland und Dänemark sprachen sich zu dieser Zeit schon für ein Ende des Boykotts aus. Ende Juni kontaktierte der EU-Ratsvorsitzende Guterres den Präsidenten des Europäischen Gerichtshofs für Menschenrechte, der drei Persönlichkeiten mit der Erstellung eines Berichts über Österreich beauftragen sollte. Am 8. September übergaben die „drei Weisen“ ihren Bericht dem französischen Staatspräsidenten und nunmehrigen EU-Ratsvorsitzenden Jacques Chirac. Darin wurde festgestellt, dass Österreich in keinem Punkt gegen den Wortlaut und den Geist der europäischen Verträge verstoßen hatte. Am 12. September 2000 wurden die Sanktionen aufgehoben.

2002 lag Österreich an sechster Stelle unter den EU-Nettozahlern – das heißt jenen Ländern, die aus dem EU-Haushalt weniger zurückbekommen als sie einzahlen. Nettoempfänger sind Griechenland, Irland, Portugal und Spanien – und acht der am 1. Mai beigetretenen neuen Mitglieder. Nettozahler zu sein heißt, mehr Pflichten zu haben – aber nicht mehr Rechte. Die mit Abstand größten Nettoempfänger der Brüsseler Subventionsmilliarden etwa, die Spanier, treten in der Union zugleich als die erfolgreichsten und rücksichtslosesten Vertreter ihrer eigenen Interessen auf. Hinzu kommt, dass die Ausgabenpolitik der EU bizarren Gesetzen folgt. So darf beispielsweise Irland, heute eines der wohlhabendsten Länder der Union, immer noch unter den Nettoempfängern rangieren. Und Luxemburg, das mit Abstand reichste EU-Mitglied, kassiert pro Kopf auch mit Abstand die höchsten EU-Gelder – aus dem einfachen Grund, weil es Sitz vieler EU-Einrichtungen ist.

Nicht der Rede wert?

Die Stigmatisierung und politische Isolierung eines EU-Mitglieds, wie sie unser Land im Jahr 2000 erlebte, ist in der Geschichte der Europäischen Union ein absolut einmaliges Ereignis. Ein Land wird geächtet, ohne dass ihm die Möglichkeit einer Stellungnahme gegeben wird, und in einer Weise behandelt, die an die dunkelsten Phasen europäischer Zeitgeschichte erinnert; die Rehabilitierung erfolgt ohne offizielle Entschuldigung und Wiedergutmachung. Europäische Regierungen greifen in demokratische Entscheidungsprozesse eines anderen Landes ein, um die Machtverhältnisse im eigenen Land zu beeinflussen. Politiker bedienen sich in ihrer Argumentation des Vokabulars totalitärer und faschistischer Systeme. Ein Ratspräsident missbraucht sein Amt, um die Interessen eines europäischen Parteienverbundes durchzusetzen. Eine EU-Institution begeht einen Rechtsbruch, der ungeahndet bleibt.
Die Emotionen haben sich mittlerweile längst verflüchtigt. Belgiens Außenminister Louis Michel, der im Februar 2000 zum Boykott österreichischer Schipisten aufgerufen hatte, versprach schon im Jahr darauf, seinen nächsten Schiurlaub in Österreich zu verbringen. Bald nach dem peinlichen Rückzug

der EU-14 und der Aufhebung der Sanktionen beschloss er, einfach „nicht mehr darüber zu sprechen" – und ganz Europa folgte seinem Beispiel.
Doch die Sanktionen sind auch heute noch, vier Jahre „danach", der Rede wert – und zwar genau unter jenem Motto, das sich seinerzeit die „Sanktionisten" auf die Fahnen geschrieben hatten: „Wehret den Anfängen!" Die willkürliche Maßregelung Österreichs ist ein Lehrstück, das schlagartig bloßgelegt hat, wie unsicher die Grundfesten des im Bau befindlichen „Hauses Europa" sind, und dass die wirkliche Gefahr von der EU selbst kommt – von einem Europa der Starken, in dem die Konformen ins Direktorium eintreten und die Nichtkonformen in die Peripherie abdriften; und in dem alles, was dem von oben diktierten Integrationsprozess zuwiderläuft, als Bedrohung empfunden und mit zunehmender Intoleranz geahndet wird. Vom Faschismus ist Europa heute sicher nicht bedroht; der Totalitarismus dagegen hängt wie ein Damoklesschwert über dem europäischen Projekt.

Die Moral der Moralisten

Der Österreich-Boykott war nicht nur eine Chronik der Intoleranz, sondern fast noch mehr der Heuchelei, Schamlosigkeit und Doppelmoral. Dazu gehören als vorläufig letztes Element die Ereignisse rund um den EU-Stabilitätspakt. Ausgerechnet zwei Anführer der Sanktionen, Frankreich und Deutschland, setzen sich heute ungeniert über einen zentralen Bestandteil des EU-Rechts hinweg und ernten von Seiten ihrer EU-Partner – nein, keine Sanktionen, sondern stillschweigende Billigung. Dass es mit der Moral der Moralisten nicht zum Besten steht, wusste man allerdings schon längst.
Die Fragwürdigkeit beginnt beim obersten Drahtzieher der Intrige gegen Österreich, dem französischen Präsidenten Jacques Chirac. Niemand anderer als er beschimpfte in Wahlkämpfen seine politische Konkurrenz als „Auslandspartei", klagte über die „Überdosis an Ausländern" im eigenen Land, zeigte sich angewidert von „lärmenden, stinkenden Wohlfahrtsschnorrern" oder dem „Lärm und den Gerüchen" ausländischer Familien – und versicherte als Draufgabe, solche Äußerungen seien keineswegs rassistisch gemeint.

Eine einzige dieser Aussagen hätte genügt, um einen österreichischen Regierungschef von seinem Amtssessel zu fegen. Chirac gewann in Frankreich damit Wahlen, organisierte die Sanktionen und schlug vor, die EU-Botschafter aus dem „ausländerfeindlichen" Österreich abzuziehen (eine Maßnahme, die das Land in eine Reihe mit verbrecherischen Regimen wie etwa im ehemaligen Jugoslawien gestellt hätte).

Zeitgleich mit den Sanktionen, im Sommer 2000, lehnte Frankreich übrigens auf der internationalen „Demokratie"-Konferenz in Warschau genau das ab, was es selbst praktizierte: Die amerikanische Außenministerin Madeleine Albright schlug damals einen Maßnahmenkatalog zum Eingreifen in Länder vor, in denen die Demokratie akut oder auch nur „in Zukunft" gefährdet sei. Ausgerechnet die französische Regierung verursachte einen Eklat, als Außenminister Hubert Védrine sich weigerte, die von Albright inspirierte „Warschauer Erklärung" zu unterzeichnen. Das eigenmächtige Eingreifen in „potenziell" gefährdete Demokratien sollte offenbar allein Frankreich vorbehalten bleiben.

Ähnliche Widersprüche häufen sich um den belgischen Außenminister Louis Michel, der sich auf dem Gipfel von Lissabon weigerte, gemeinsam mit österreichischen Regierungsvertretern fotografiert zu werden und verkündete: „Schifahren in Österreich ist unmoralisch." „Ich bin noch immer stolz darauf, dass die EU ein Zeichen gegen Fremdenhass und Intoleranz gesetzt hat", erklärte der Belgier ein Jahr später. Wenige Wochen davor, im März 2001, hatte er Zimbabwes für brutale Massenmorde verantwortlichen Diktator Robert Mugabe in Brüssel willkommen geheißen. Ein Jahr darauf, im August 2002, erlaubte Michel den Export von 5.500 belgischen Maschinengewehren in das autoritär geführte Nepal, zu einer Zeit, da der dortige Bürgerkrieg zwischen Regierungskräften und der maoistischen Guerilla einen blutigen Höhepunkt erreicht hatte. Deutschland hatte zuvor eine Ausfuhr von Gewehren nach Nepal verweigert. Die belgische Regierung setzte sich mit ihrem Verhalten eindeutig über die Vorschriften des EU-Verhaltenscodex für Waffenausfuhren hinweg. Louis Michel war es, der bei diesem Exportgeschäft seinen Kabinettsmitgliedern bewusst wichtige Informationen vorenthielt; unter anderem den Brief der deutschen

Bundesregierung über ihre Ablehnung des Waffengeschäfts mit Nepal. Dennoch blieb Michel im Amt; nur die grüne Gesundheitsministerin legte „aus Gewissensnot“ ihr Amt nieder. Offiziell wurde das skandalöse Verhalten des belgischen Außenministers und seines Premierministers Guy Verhofstadt von keiner europäischen Regierung kommentiert.

Als im Frühjahr 2001 in Italien die „Rechtsaußen-Parteien“ Alleanza Nazionale und Lega Nord an die Macht kamen, griff die EU nicht ein. Louis Michel erklärte damals: „Ich bedaure, dass Umberto Bossi in der Regierung sitzt, aber ich kann dagegen nichts tun.“ Auch ein weiterer Hauptakteur im Feldzug gegen Österreich, Joschka Fischer, war von diesem erstaunlichen Sinneswandel betroffen. Als sich die Regierungsbeteiligung der beiden Parteien in Italien bereits abzeichnete, vermeldete der deutsche Außenminister aus seinem Urlaubsort nahe dem italienischen Siena: „Die politische Geographie eines Parlamentes und die Bildung einer Regierung sind überaus innenpolitische Fragen, in die man sich nicht einmischen darf.“ Warum das für Österreich nicht gegolten habe, erklärte er so: Das entscheidende Kriterium sei doch, ob Parteien an die Macht kämen, die „ … wenn auch nur in Teilen, den Nationalsozialismus relativieren, antieuropäisch sind und Ausländer hassen“. Und das sollte auf Finis neofaschistische Alleanza Nazionale nicht zutreffen? Zur Erinnerung: Funktionäre dieser Partei waren in jenen Jahren regelmäßig bei italienischen Nazi-Aufmärschen vertreten; die Partei hatte nicht lange vor ihrer Regierungsbeteiligung einen Bürgermeisterkandidaten unterstützt, der es ausdrücklich bedauerte, „dass Hitler nicht alle Juden gebraten hat“; und ein führender Politiker der Alleanza hielt es für eine gute Idee, in Rom Zigeuner wie anno dazumal die Juden in ein Ghetto einzusperren. Im Übrigen standen die hässlichsten Parolen gegen Immigranten und Asylanten in den Wahlkämpfen der Fini-Partei auf der Tagesordnung.

Was aber das an sich schon erstaunliche, von Joschka Fischer ins Spiel gebrachte Kriterium „antieuropäisch“ angeht: Umberto Bossis separatistische Lega Nord forderte immerhin ein Referendum über den Verbleib Italiens in der Union. Abgesehen davon vertraten selbst Jacques Chiracs Neogaullisten lange Zeit eine aggressiv antieuropäische Politik.

Boykott auf Bestellung

Die „Quarantänestation“ für Österreich, wie die Frankfurter Allgemeine Zeitung treffend formulierte, wurde maßgeblich von der Sozialistischen Internationale errichtet, deren damaliger Vorsitzender, der portugiesische Präsident Antonio Guterres, zum Unglück Österreichs gerade die EU-Ratspräsidentschaft innehatte. Man fürchtete, dass der österreichische „Rechtsruck“ in Europa Schule machen und die sozialistische Vormachtstellung in anderen Staaten gefährden könnte. Der „Auftrag“ für den Boykott aber kam aus Österreich selbst – was in anderen Ländern als unerhörtes, für das eigene Land undenkbares Vorgehen gewertet wurde: Das sei ja gerade so, übersetzte das dänische „Ekstra Bladet“ die Geschehnisse für seine Leser, „als würden in Dänemark Königin Margrethe und Nyrup Rasmussen die EU bitten, uns zu boykottieren“.

Den Auftakt gab das Internationale Holocaust-Forum in Stockholm Ende Jänner 2000: Dort mobilisierte Viktor Klima, in Furcht um den Verlust des Bundeskanzlertitels, die europäischen Sozialisten und bat um Aktionen. Kurz darauf erhielt Klima Hilfe von oben. Man sollte meinen, dass ein Bundespräsident, zu dessen Aufgaben nach den Artikeln 60-68 der Bundesverfassung auch die Vertretung der Republik nach außen zählt, bestrebt sein sollte, Schaden von seinem Land und dessen demokratisch gewählter Regierung abzuwenden und das Ansehen Österreichs im Ausland zu schützen. Thomas Klestil drängte stattdessen erfolgreich auf sofortige Veröffentlichung des Sanktionsbeschlusses – gegen den Willen etlicher europäischer Regierungschefs, die den Boykottbeschluss noch nachträglich diskutieren wollten. Klestil war es auch, der die österreichische Regierung zur Unterschrift zwang, dass sie die Grundgesetze einhalten würde – eine unerhörte Forderung eines Bundespräsidenten an eine demokratisch gewählte und von ihm selbst eingesetzte Regierung.

Der Dritte im Bunde, Alfred Gusenbauer, forderte beim Treffen der Europäischen Sozialdemokraten vor Beginn des Lissabon-Gipfels im März 2000, die Sanktionen gegen Österreich fortzuführen. Um seine Forderung zu begründen, kehrte der damalige SPÖ-Klubobmann einfach die Beweislast mit den Worten um: „Es ist nichts passiert, was die Ursache beseitigen würde." Zwei Monate zuvor hatte er noch in einem Vier-Augen-Gespräch mit Jörg Haider der FPÖ „Salonfähigkeit" und mehrere Ministerposten versprochen, wenn diese im Gegenzug eine SPÖ-Minderheitsregierung zu unterstützen bereit wäre. (Vier Jahre später gab er dann seinen Segen zu einer FPÖ-SPÖ-Koalition in Kärnten.) Gusenbauer und Klestil blieben in ihren Ämtern; auch das wäre in einem anderen Land als Österreich wohl kaum denkbar gewesen.

Weniger bemerkt wurde das beschämende Verhalten der österreichischen sozialistischen EU-Mandatare. In einem offenen Brief an alle Europaparlamentarier zeigte SPÖ-Delegationsleiter Hannes Swoboda Verständnis für den Boykott der EU-14, indem er erklärte, dass „die übrigen Regierungen reagieren mussten", und forderte „auch weiterhin die Solidarität aller demokratischen Kräfte auf europäischer Ebene" ein. Die Boykotterklärung an Österreich, so konnte man darin auch erfahren, sei „kein Einmischen von außen, sondern die Betonung gemeinsamer Werte der EU". „Unterstützen Sie das österreichische Volk gegen diese Regierung!", appellierte Swoboda außerdem in einer Sitzung an die Abgeordneten. Kein Wort des Zweifels äußerte er dabei an der rechtswidrigen Vorverurteilung Österreichs – im Gegenteil, er betonte vielmehr: „... meine Kritik und – ich sage es offen – meine Wut richten sich ausschließlich gegen jene, die diese Reaktionen verursacht haben und verursachen, die Herren Schüssel und Haider und deren Parteien, inklusive auch ihrer Vertreter in diesem Parlament." Generell gilt: Ausländische Sozialisten, wie etwa der finnische Außenminister Erkki Tuomioja, kamen Österreich eher zu Hilfe als die eigenen.

Foto: CONTRAST Photo

Alfred Gusenbauer mit dem französischen Europaminister Pierre Moskovici (links) und dem französischen Außenminister Hubert Védrine (rechts) zur Zeit der Sanktionen, Mai 2000.

Foto: Reporters Press Agency

Alfred Gusenbauer mit dem belgischen Außenminister Louis Michel zur Zeit der Sanktionen, Mai 2000.

Eine „Regierung wider die Natur"

Mit dieser parteipolitisch motivierten Hetze haben Österreichs Sozialdemokraten das bis zur Absurdität verzerrte Bild Österreichs in den ausländischen Medien entscheidend mit verursacht. Man erinnere sich an die nicht nur von Intoleranz, sondern noch mehr von unglaublicher Ignoranz getragene Schmutzkampagne gegen das „faschistische" und „nationalsozialistische" Österreich und seine Bevölkerung in französischen Medien. Dass österreichische Staatsbürger, auch Kinder und Jugendliche, im Ausland wie Aussätzige behandelt und gedemütigt wurden, war die natürliche Folge. Man schürte somit genau das, was man zu bekämpfen vorgab.
Besonders alarmierend aber war, dass dies nicht nur für die Medien, sondern auch für EU-Politiker galt. Deren Äußerungen im Zuge der Österreich-Debatte zeigten erschreckende Anklänge an das faschistische Vokabular. In der Rede einer französischen Kollegin im EU-Parlament etwa, der sozialistischen Abgeordneten Marie-Noëlle Lienemann, wurde aus der demokratisch gewählten und eingesetzten österreichischen Regierung „diese schmutzige Koalitionsregierung". Von einer „widernatürlichen Allianz" sprach gar der Vorsitzende der sozialistischen Fraktion im Europaparlament, Enrique Barón Crespo. Und auch für Jean Kahn, den Präsidenten der im Jahr 2000 in Wien eröffneten „Europäischen Stelle zur Beobachtung von Rassismus und Fremdenfeindlichkeit", war die Wiener Regierung ganz einfach eine „Regierung wider die Natur"; er hätte sie auch gleich „entartet" nennen können.

Die „dämonologischen Dilettanten", wie der deutsche Philosoph Peter Sloterdijk die Sanktions-Veranstalter nannte, verletzten mit ihrem Österreich-Boykott genau jene Werte, die sie zu verteidigen behaupteten. Das Gleiche gilt für den Vorwurf des Vertragsbruchs. Der Bericht der „drei Weisen" zur Situation in

Österreich stellte klar, dass Österreich in keinem Punkt gegen die europäischen Verträge verstoßen hatte. Umgekehrt war dies weit eher der Fall. Rechtswidrig waren die Einmischung in einen demokratischen Prozess, die gewählte Form der Maßnahmen, die im Namen einer EU-Institution, aber außerhalb des Rechtsraums der EU umgesetzt wurden, sowie die Vorgangsweise der portugiesischen Ratspräsidentschaft, die der österreichischen Regierung keine Möglichkeit zur Stellungnahme gab. Ungeahndet blieb der Amtsmissbrauch von Portugals Präsident Antonio Guterres, der die Sanktionen im Namen der EU-14 koordinierte und dabei seine beiden Funktionen als EU-Ratspräsident einerseits und als Präsident der Sozialistischen Internationale andererseits verwechselte.

Vergeblich wurde die Kommission nicht müde zu betonen, die portugiesische Regierung habe keinesfalls im Auftrag der EU gehandelt, und die angedrohten Sanktionen seien „keine Ratsentscheidung". Immerhin hatte Guterres die Strafandrohung gegen Österreich als offizielle Stellungnahme „der portugiesischen Präsidentschaft der Europäischen Union im Namen von 14 Mitgliedstaaten" veröffentlicht.

An der fehlenden rechtlichen Basis liegt es auch, dass die Sanktionen insgesamt ein Bündel hilfloser und kindischer Einzelaktionen waren. Dass Österreichs Politiker bei der politischen Willensbildung innerhalb der Union „übersehen" wurden, indem man ihnen Vorschläge präsentierte, die zwischen den anderen schon abgestimmt waren, war dabei noch eines der größten Übel. Was mit dem „Einfrieren der bilateralen Beziehungen" wirklich gemeint war, wusste niemand so recht; und so beschränkte man sich im Wesentlichen darauf, bei Diners mit österreichischen Regierungsvertretern zu spät zu kommen, ihnen Gruß und Handschlag zu verweigern, sie von Veranstaltungen auszuladen und gemeinsamen Fotos fernzubleiben: Operettensanktionen für den „Operettenstaat".

Die Angst vor der Meinungsfreiheit

Im Kommuniqué zur Aufhebung der Sanktionen wurde festgestellt, diese seien als „nützlich" zu werten. Damit versuchten die EU-Partner, bei ihrem kläglichen, durch den Weisenbericht erzwungenen – oder auch ermöglichten – Rückzug nicht gänzlich ihr Gesicht zu verlieren. Bedenkt man, dass mit der Rehabilitierung Österreichs die Maßnahmen als ungerechtfertigt erwiesen waren, klingt diese Formulierung, an deren Stelle eine offizielle Entschuldigung hätte stehen müssen, nach blankem Zynismus.

Die EU-14 formulierten aber unbeabsichtigterweise sehr treffend: Der Boykott gegen Österreich war in gewissem Sinn wirklich „nützlich". Er hat das „andere" Gesicht der EU hervorgekehrt, hinter deren übertriebener „political correctness" sich eine Angst vor der geistigen Auseinandersetzung verbirgt, die selbst gefährlich ist. Diese Angst steckt mit gutem Grund in allen Baumeistern des „gemeinsamen Europa": Die europäische Integration war von Beginn an ein von oben diktiertes, im Zeitraffer durchgepeitschtes Projekt. Ohne „Zwangsmaßnahmen" hätte auch die zehnfache Erweiterung weder im Jahr 2004 noch in den Jahren darauf stattgefunden. Die EU hat hoch gepokert und der Weg, den sie eingeschlagen hat, kennt kein Zurück und keine Alternativen. Jede demokratische Beteiligung an Grundsatzentscheidungen muss daher zwangsläufig als zusätzliches Risiko gesehen werden, jeder Zweifel und jede Behinderung als Bedrohung. Auch die Regierungsbeteiligung der FPÖ im Jahr 2000 schuf einen beträchtlichen Unsicherheitsfaktor. Immerhin hätte ein Veto der österreichischen Regierung das gesamte anstehende Erweiterungsprojekt kippen können.

Joschka Fischer äußerte in seiner oben erwähnten Begründung für die Ungleichbehandlung von Italien und Österreich einen verräterischen Gedanken: Kriterium für das Eingreifen der EU in die innenpolitischen Verhältnisse eines Mitgliedstaates soll sein, ob eine Partei an die Macht kommt, die nationalsozialistisch, ausländerfeindlich und – antieuropäisch ist. Eine solche Argumentation muss wachsam stimmen: Denkt man sie weiter, ist man auf dem besten Weg, Kritik am Projekt Europa zum Defätismus und zur Häresie zu erklären – und damit auf dem besten Weg in ein totalitäres System.

Die Straßburger Spargelsanktion

Straßburg ist stolz auf den Elsässer Spargel. Traditionell lädt die Stadt Straßburg die EU-Abgeordneten im Mai zu einer Spargelkostprobe in die Dörfer rund um Straßburg. Im Sanktionsjahr 2000 meinte die Straßburger Bürgermeisterin Fabienne Keller, eine Fleißaufgabe in Sachen Sanktionen leisten zu müssen, und schloss die freiheitlichen EU-Parlamentarier von der Einladung aus. Als die Medien von der Spezialsanktion der Bürgermeisterin erfuhren, war die Peinlichkeit perfekt. Selbst FPÖ-kritische Medien zeigten für diese Aktion nur wenig Verständnis. Leid taten uns die Angestellten der Stadt, die sich für das Verhalten ihrer Bürgermeisterin sehr genierten.

Ein österreichisches Magazin verhökerte die Geschichte noch mit einer Fotomontage, in der unsere Delegationsleiterin mit einem dicken Bund Spargel in der Hand gezeigt wurde, der Männerfantasien anregen konnte. Das Blatt musste sich entschuldigen.

Ob aus fanatischer Rachsucht oder Unachtsamkeit, die Spargelstrafe blieb auch noch in den Jahren darauf aufrecht. Als es 2003 neuerlich zu kritischer Berichterstattung und einer offiziellen Anfrage von Parlamentspräsident Pat Cox an die Bürgermeisterin kam, wurde im letzten Augenblick eine telefonische Einladung nachgereicht. Selbstverständlich hat keiner der Betroffenen sie angenommen.

Tatort Transit

Österreich ist das größte Opfer eines gesamteuropäischen Wirtschafts- und Verkehrskurses, der jahrzehntelang von Geisterfahrern und anderen politischen Verkehrs-Hasardeuren bestimmt wurde. Die folgende Darstellung des Ökopunkte-Dramas ist der Rückblick auf eine verlorene Schlacht. An der österreichischen Transitfrage lässt sich aber auch europäische Gesetzwerdung exemplarisch nachvollziehen – mit desillusionierendem Ergebnis.

„... weil es ein gemeinsames höheres Gut gibt, das sich Europa nennt, das sich Rechtsgemeinschaft nennt, das sich also freier Verkehr und freier Handel nennt ... „
Giorgio Lisi (EVP) erklärt, warum Österreich auf seine Transitforderungen verzichten soll.

„... ein natürliches Hindernis ..., durch das einige Länder beim Warenverkehr benachteiligt werden ..."
Giovanni Claudio Fava (PSE) definiert die Alpen

Die Alpen aus der Sicht des Alpenvereins

Die Alpen aus der Sicht der europäischen Verkehrsverbände

„Herr Präsident! Heute möchte ich an dieser Stelle für den niederländischen Polderökopunkt, die schottische Hochlandabgabe und die spanische Pyrenäengebühr plädieren ..."
Herman Vermeer (ELDR) bringt zum Ausdruck, dass das Ökopunktesystem eine ungerechtfertigte lokale Ausnahmestellung bedeutet.

„... ich würde die Österreicher auffordern, die ganzen Skigebiete zu schließen, denn ich kann Ihnen versichern, ich finde genügend Experten, die Ihnen nachweisen können, dass das, was Sie in den Skigebieten im Tourismus machen, für die Gesundheit der Menschen und für die Natur unvernünftig ist ..."
Georg Jarzembowski (PPE) stellt klar, dass die Warnungen der österreichischen Abgeordneten vor gesundheitlichen Auswirkungen des Transitverkehrs überzogen sind.

„Sie wollen eine Sonderwurst gebraten haben! … Was Sie hier machen, nämlich einen Popanz aufzubauen, der Rest der Union sei gegen Sie und umweltfeindlich, nur Sie seien umweltfreundlich, das ist doch unerträglich, meine Damen und Herren!“
Georg Jarzembowski an die Adresse der österreichischen Parlamentarier

„… Wenn Sie so argumentieren, werden wir eines Tages Demonstrationen organisieren und Österreich einschließen, so dass Sie nicht mehr rauskommen, weil Sie unsere Rechte verletzen!“
s.o.

Die Vorgeschichte

In der Beitrittsakte Österreichs zur EU wurde vertraglich festgelegt, dass die Stickoxid-Emissionen von Lastkraftwagen beim Transit durch Österreich im Zeitraum zwischen dem 1. Januar 1992 und dem 31. Dezember 2003 dauerhaft und nachhaltig um 60% reduziert werden müssen. Das sollte mit Hilfe des berühmten Ökopunktesystems geschehen: Jeder Lkw musste demnach abhängig von seinem Schadstoffausstoß eine bestimmte Menge an Punkten entrichten; außerdem wurde eine mengenmäßige Durchfahrtsbeschränkung festgesetzt, die ominöse „108%-Klausel“. Das Protokoll sah auch vor, dass die EU-Kommission vor dem 1. Januar 2001 eine Studie darüber durchführen sollte, inwieweit die Umweltbelastungen tatsächlich reduziert wurden.
Die Studie wurde auch gemacht und ergab, dass mit den vereinbarten Durchfahrtsbeschränkungen das Reduktionsziel knapp nicht erreicht wurde. Die Kommission interpretierte das Ergebnis auf ihre Weise: Nicht der Lkw-Durchzugsverkehr, sondern andere Faktoren seien an der Zielverfehlung schuld, verkündete sie; und so schlug sie vor, die Mengenbeschränkung aufzuheben.

Die erste Runde

Kurz darauf, im Dezember 2000, preschte die Kommission mit einer Gesetzesinitiative vor, die die sofortige Abschaffung der Ökopunkte und damit aller Durchfahrtsbeschränkungen für Österreich bezweckte. Dafür konnte es nur einen Grund geben:

Man wollte im Interesse der europäischen Frächterlobby vollendete Tatsachen schaffen; denn im Beitrittsvertrag war eine Nachfolgeregelung vorgesehen, sollte das Ziel der 60%igen Schadstoffreduktion nicht erreicht werden. Und diese wollte man von vornherein verhindern.
Im Parlament wurde der Vorschlag zwei Arbeitsgremien zugewiesen: dem Verkehrs- und dem Umweltausschuss, und zwar im so genannten „Hughes-Verfahren", das beiden Ausschüssen annähernd die gleiche Bedeutung gab. Ich wurde beauftragt, die Stellungnahme des Umweltausschusses zu verfassen, und schlug vor, den Kommissionsvorschlag „ohne Wenn und Aber" zurückzuweisen. Und siehe da: Sämtliche Parlamentarier in meinem Ausschuss stimmten über alle Fraktionen und Parteigrenzen hinweg zu. Dies war nach Angaben lang gedienter Abgeordneter bisher noch nicht vorgekommen und eine entsprechend große Blamage für die Kommission.

Im Verkehrsausschuss war mein Kollege, der SPÖ-Delegationsleiter Hannes Swoboda, für das Dossier zuständig. Sein Bericht kam zum selben Ergebnis, wurde allerdings nur ganz knapp, mit einer Stimme Mehrheit, angenommen. Aber immerhin – abgelehnt war abgelehnt. Der nächste Schritt war die Abstimmung im Plenum. Dort scheiterte die Zurückweisung des Kommissionsvorschlages im September 2001 an rund 25 fehlenden Stimmen. Konservative und Liberale standen im Wesentlichen auf der Kommissionsseite, die meisten Sozialisten sowie die Grünen hielten zu Österreich. Die Abstimmung war namentlich und damit nachvollziehbar. Es erwies sich: Obwohl Kollege Hannes Swoboda Vizeobmann der Sozialdemokratischen Fraktion war, hatten mehr als dreißig seiner Fraktionskollegen gegen den von ihm mitgetragenen Standpunkt gestimmt – genau diese Stimmen fehlten Österreich.

Damit hatte der Kommissionsplan zur Beseitigung der Ökopunkte in erster Lesung erfolgreich das Parlament passiert. Der Vorschlag wurde an den EU-Ministerrat weitergeleitet, und dieser hätte den Vorschlag nun mit Mehrheit absegnen können. Die nächste große Ratstagung in Laeken in Belgien im Dezember 2001 brachte jedoch eine neue Entwicklung. Auf Antrag der österreichischen

Bundesregierung beschloss der Rat, die Kommission mit der Ausarbeitung eines neuen Vorschlages zu beauftragen. Als „Brücke“ zur geplanten gesamteuropäischen Wegekostenrichtlinie, die das Verkehrsaufkommen in Europa insgesamt einschränken sollte, sollte Österreich eine Übergangsregelung erhalten. Es dauerte nur einige Wochen, und der neue Vorschlag lag vor. Darin bekannte man sich zwar zu einem nicht genauer definierten Schutz der „sensiblen Zonen“, aber wieder ohne die so wichtige mengenmäßige Beschränkung des Schwerverkehrs.

Die zweite Runde

Nun begann das Spiel wieder von vorne. Das Parlament wies den Vorschlag den beiden oben erwähnten Ausschüssen zu; der Umweltausschuss wies mir die Stellungnahme zu. Diesmal war das Vorhaben auch im Umweltausschuss keine „g'mahte Wiesn“ mehr, sondern Gegenstand harter Wortduelle. Drei Wochen später, bei der Abstimmung im April 2002, lag Spannung im Raum: Es ging um die Frage, ob mein Vorschlag, die mengenmäßige Beschränkung wieder in den Kommissionsvorschlag aufzunehmen, durchgehen würde, oder aber die Anträge von italienischen Konservativen, die sich massiv dagegenstellten. Um es kurz zu machen: Zwar nicht mehr einstimmig, aber mit großer Mehrheit stimmten die rund fünfzig anwesenden Abgeordneten für eine Beschränkung – ein wunderbares Ergebnis, und zwar nicht nur wegen des Inhalts; es zeigte auch, dass zumindest im Umweltausschuss nicht nach Partei- oder Fraktionszugehörigkeit abgestimmt wird, und dass dort auch die Sorgen des relativ kleinen Österreich ernst genommen werden.
Im Verkehrsausschuss zeigte kein österreichischer Abgeordneter Interesse daran, den Bericht zur Ökopunktefrage zu übernehmen. So beschloss der Ausschussvorsitzende Luciano Caveri, ein italienischer Verkehrs-Hardliner, den Bericht selbst zu verfassen. Seine Strategie bestand zunächst darin, die neue Regelung möglichst lange hinauszuzögern. Zwischen der Abstimmung im Umweltausschuss und jener im Verkehrsausschuss vergingen sage und schreibe neun Monate. Bei der Abstimmung im Jänner 2003 schließlich wurden nicht nur die Forderungen des Umweltausschusses abgelehnt; das Ergebnis war sogar noch

schlechter als der Vorschlag der Kommission. Und das Plenum übernahm weitgehend die Forderungen des Verkehrsausschusses. Die Ökopunkte-Pflicht sollte nur noch für besonders schmutzige Lkw und ausschließlich im Alpenraum gelten. Für knapp 80 Prozent der Transit-Lkw bedeutete dies freie Fahrt durch Österreich. Die restlichen 20 Prozent, die schmutzigsten Brummer, hätten mit dieser Regelung mehr Ökopunkte zur Verfügung gehabt, als sie jemals brauchen konnten.

Eine absurde Verordnung mit absurden Folgen

Damit hatte sich das EU-Parlament mit großer Mehrheit als extremer Hardliner in der Ökopunktefrage positioniert. Im Juli 2003 bekräftigte es erneut seine Position – gegen die Forderungen des Rates; die Regierungen nämlich vertraten einen Kompromiss, den Österreich zur Not hätte annehmen können. Allerdings spielten auch im Rat die Italiener eine unangenehme Rolle, zumal unglücklicherweise Italien in jenen Monaten gerade die EU-Präsidentschaft innehatte. Beim Verkehrsministertreffen unternahm der italienische Verkehrsminister Pietro Lunardi wie bereits sein italienischer Kollege im Verkehrsausschuss alles, um eine Einigung in der österreichischen Transitfrage hinauszuzögern.

Die italienische Verzögerungstaktik war erfolgreich; da die alte Ökopunkteregelung mit Ende 2003 auslief, stand Österreich zuletzt unter größtem Druck, einer Einigung in welcher Form auch immer zuzustimmen.

DIE FRÄCHTER BRINGEN UNS UM!

ÖVP-Abgeordnete Marilies Flemming in einer Ökopunkte-Debatte im Parlament: „Ich könnte die Namen mehrerer Kollegen hier nennen – keine Angst, ich tue es nicht –, die mir gesagt haben, wir verstehen euch Österreicher, wir sind auch auf eurer Seite. Aber was sollen wir denn tun? Unsere Frächter bringen uns doch um!“

Den Kompromiss, der letztendlich zwischen Parlament und Rat erzielt wurde, begrüßten alle außer den Österreichern als eine salomonische Lösung. Für uns war sie einfach eine an Peinlichkeit

nicht zu überbietende Verhöhnung der österreichischen Bevölkerung. Die Nachfolgeregelung hätte in der Praxis keine Verringerung des Transitverkehrs gebracht; sie war nichts anderes als ein ebenso absurdes wie teures Lkw-Zählsystem.
Der Rest der Geschichte ist bekannt: Niemand hatte zunächst eine Transitnachfolgeregelung für Österreich gewollt – außer Österreich selbst. Doch als sie dann beschlossen war, war es auf einmal genau umgekehrt: Österreich wollte sie nicht mehr, alle anderen aber bestanden plötzlich darauf! Österreich weigerte sich, die Regelung umzusetzen – und die EU beschloss, Österreich zu klagen: wegen der Nicht-Umsetzung einer Verordnung, die sie uns eigentlich gar nicht hatte gewähren wollen ...

DIE ÖKOPUNKTE-PRELLER

So schmerzhaft der Verlust der Ökopunkte für Österreich ist: Von einem idealen System konnte nie die Rede sein; und mit etwas Einfallsreichtum schafften es die Brummis ohnehin auch ohne Ökopunkte durchs Land. Eine beliebte Methode war es, mithilfe von Wasserdampf bereits verbrauchte und auf das Formular geklebte Ökopunkte wiederzuverwerten oder auch Transitgenehmigungen an Tankstellen für Kollegen zu hinterlegen. Auch das elektronische Erfassungssystem konnte leicht umgangen werden: Was tat etwa ein deutsches Unternehmen, wenn es ohne die ungeliebten Punkte einen Lkw nach Italien schicken wollte? Es schrieb einen Frachtbrief, in dem als Ziel Österreich angegeben war (am besten eine eigene Niederlassung oder ein befreundetes Unternehmen). Dort schrieb man einen neuen Frachtbrief mit Österreich als Ladeadresse; und so galt der Transport nicht als Transit.

Kampf um Kostenwahrheit

Als „österreichische Sonderwurst" haben die Gegner der österreichischen Transitlösung die Ökopunkteregelung denunziert. Immer wieder betonten sie, dass es stattdessen eine gesamteuropäische Verkehrslösung geben müsse. Die bisherigen Ereignisse rund um die neue EU-Wegekostenrichtlinie haben aber gezeigt, dass es sich dabei um ein bloßes Lippenbekenntnis handelte.
Zunächst zögerte die EU-Kommission ihren Gesetzesvorschlag bis zum Sommer 2003 hinaus, so dass für eine Einigung vor der Erweiterung nur noch wenig Zeit blieb. Der Vorschlag selbst war enttäuschend: Von der erhofften „Kostenwahrheit", der verur-

sachergerechten Anlastung der Kosten im Straßenverkehr, konnte keine Rede sein. Im Umweltausschuss des Parlaments wurde mir die Stellungnahme zugeteilt und ich forderte: Mautpflicht für Lkw auf dem gesamten Hauptstraßennetz samt Ausweichrouten, Einbeziehung aller externen Umweltkosten, höhere Mautgebühren in sensiblen Gebieten zur Querfinanzierung alternativer Verkehrsträger sowie eine starke Ausweitung der Definition „sensibler", also besonders schützenswerter Gebiete. Trotz der Radikalität der Vorschläge wurde die Stellungnahme am 2. Dezember einstimmig mit 39:0 angenommen – ein Ergebnis, das sich niemand erwartet hätte. Doch was im Umweltausschuss gelang, misslang im Verkehrsausschuss. Der Delegationsleiter der SPÖ, Hannes Swoboda, übernahm zwar einige meiner Forderungen, konnte seine Kollegen aber nicht überzeugen. Der Kompromiss war insgesamt schwach und ließ noch dazu eine Senkung der österreichischen Mauttarife befürchten. Und das Plenum schloss sich dann auch noch der Position des Verkehrsausschusses an. Im Rat sorgte unterdessen EU-Verkehrskommissarin Loyola de Palacio (die auch für Energiefragen zuständig ist und in Brüssel als vielleicht wichtigster Vorposten der Atomlobby fungiert) dafür, dass die Richtlinie nicht mehr vor der Erweiterung beschlossen werden konnte. Obwohl die Regierungen einen Kompromiss ausgehandelt hatten, schaltete sie bei einem Detail auf stur und brachte damit eine Einigung in erster Lesung zum Scheitern. Mit der Erweiterung sitzen nun etliche neue Länder am Verhandlungstisch, gegen deren Verkehrsbegeisterung die Italiener direkt als Transitfeinde gelten müssen. Liebe Frau Kommissarin, wenn das ein Zufall ist ...

WEISSBUCH – SCHWARZBUCH

Im Jahr 2001 präsentierte die EU-Kommission ein *Weißbuch* „Die Europäische Verkehrspolitik bis 2010: Weichenstellungen für die Zukunft". Eigentlich sollte man es eher ein Schwarzbuch nennen, denn die präsentierten Zahlen und Fakten darin sind vernichtend. Ein paar „Kostproben": Der Lkw-Bestand in Europa wächst jedes Jahr um drei Millionen Fahrzeuge. Tagtäglich wird eine Fläche von 10 Hektar für den Straßenverkehr zubetoniert. Täglich kommt es auf einer Länge von 7.500 Kilometern, also auf zehn Prozent des Netzes, zu Staus. Allein die Kosten für Unfälle liegen bei 160 Mrd. Euro jährlich, also bei zwei Prozent des Bruttoinlandproduktes der Gemeinschaft. – Dass Brüssel die Augen vor den Problemen verschließt, kann man also nicht behaupten. Nein, man marschiert sehenden Auges in die Katastrophe.

DIE KOSTEN DES LKW-TRANSITS

Nach Berechnungen der Kommission verursacht ein Lkw bei einer Autobahnfahrt über 100 km zu Schwachlastzeiten folgende Kosten:

Externe Kosten und Infrastrukturkosten	Durchschnittliche Spanne (in Euro)
Luftverschmutzung	2,3 – 15
Klimaänderung	0,2 –1,54
Infrastruktur	2,1 – 3,3
Lärm	0,7 – 4
Unfälle	0,2 – 2,6
Staus	2,7 – 9,3
Gesamt	8 – 36

Vier Fünftel davon zahlt nicht der Verursacher, sondern die Allgemeinheit.

Wie Brüssel uns das Wasser abgräbt

Brüssels üble Brühe

Im Frühjahr 2003, kurz vor dem dritten Weltwasserforum, legte die UNO einen neuen Bericht zur globalen Wassersituation vor. 122 Länder wurden darin auf ihre Wasserqualität getestet. Nicht etwa Indien, Jordanien oder ein afrikanisches Land schnitten dabei am schlechtesten ab. Nein, Rang 122, der allerletzte Platz, wurde Belgien zugewiesen. (Deutschland, das zweitschlechteste EU-Land, landete auf Rang 57.) Die übelste Brühe fließt zu alledem in der EU-Hauptstadt: Bis heute verfügt Brüssel über keine vollständige Kläranlage. Ein Großteil des Schmutzwassers wird ungeklärt in ein betoniertes Flüsschen abgeleitet. Tja, soll man das vielleicht wieder symbolisch nehmen?

Amöben bei der Urlaubsplanung

Trübe Aussichten für unser Wasser beschert uns Brüssel in jedem Fall. Zwar ist die Wasserrahmenrichtlinie aus dem Jahr 2000, die seit 2003 auch in Österreich umgesetzt ist, ein echter Meilenstein, wenn es um Schutz und Qualität des Wassers in Europa geht. Darin heißt es auch, dass Wasser „keine handelsübliche Ware, sondern ein ererbtes Gut ist, das geschützt, verteidigt und entsprechend behandelt werden muss“. Aber inzwischen hat die EU-Kommission offenbar schon wieder vergessen, was sie damals geschrieben hat. In den WTO-Verhandlungen fordert sie von 72 Drittländern die Öffnung ihrer Wassermärkte für europäische Konzerne – unbekümmert darum, dass man auf Dauer das, was man von anderen verlangt, nicht selbst verweigern kann. In den eigenen „vier Wänden“ liebäugelt die Kommission ebenfalls mit einer Öffnung der Wassermärkte, nur mit dem Unterschied, dass sie es hier mit viel Feingefühl tut. Es gilt dabei vor allem, Rücksicht auf die „Empfindlichkeiten“ einiger Mitgliedstaaten, wie etwa Österreich, zu nehmen. Und außerdem gibt es ja, auch in der neuen EU-Verfassung, das Einstimmigkeitsprinzip in Wasserfragen. Nur: Wie lange noch?

Wie die Spanier der „ungerechten“ Mutter Natur ein Schnippchen schlagen wollten

Als Mutter Natur seinerzeit ihre Gießkanne besonders lange über unser schönes Land hielt, wusste sie noch nicht, dass es einmal die EU geben würde. Hier gilt das Solidaritätsprinzip, und einige meinen, dass die „ungerechte“ Verteilung der natürlichen Ressourcen gegen diesen Grundsatz verstößt. So beschloss ein Grüppchen spanischer Sozialisten aus dem Europäischen Parlament, diesem Zustand ein Ende zu setzen. Ihr Wortführer, der Abgeordnete Izquierdo Collado, forderte im Herbst 1998 von der Kommission eine Machbarkeitsstudie über transeuropäische Wassernetze mit der wörtlichen Begründung, „ … dass die … natürlichen Wasserressourcen auf dem Gebiet der Europäischen Union angesichts der unregelmäßigen Verteilung des Niederschlages und der natürlichen Wasserreservoire wie Seen, Gletscher und Grundwasserspeicher ungleich verteilt sind“. In zwingender Logik zog der Spanier daraus die Schlussfolgerung, dass

„transeuropäische Wassernetze gebaut werden müssen, die zum Austausch großer Wassermengen zwischen verschiedenen Reservoiren künftig zu einer gleichmäßigen Verteilung der Wasserressourcen in der Europäischen Union beitragen".

Man könnte meinen, Europa hätte schon genug mit seinem unkontrolliert wuchernden transeuropäischen Verkehrsnetz, auf dem unsere Waren von einem Ende Europas zum anderen und wieder zurück gekarrt werden. Nein, nun sollte auch die „Ware" Wasser am segensreichen EU-Binnenmarkt teilnehmen. Ziel: das von der Natur geschaffene „Ungleichgewicht" zwischen dem wasserreichen Norden und dem wasserarmen Süden zu bereinigen.

Nicht verwunderlich ist, dass der Vorschlag aus der spanischen Ecke kam; kaum ein Land Europas hat mit der Trockenheit so zu kämpfen wie Spanien in seinen südlichen Gefilden. Nur: Wie „natürlich" sind die spanischen Wasserprobleme eigentlich? Das Land benutzte jahrzehntelang für seine geförderte Intensivlandwirtschaft veraltete Bewässerungssysteme, bei denen 80% des Wassers bereits verdunsteten, bevor es überhaupt den Boden erreichte. Giftunfälle und schonungsloser Massentourismus haben gigantische Schäden an den Wasservorräten verursacht.

Zum Glück steht dem Abtransport österreichischen Quellwassers per Pipelines, zumindest über weite Strecken, sogar jener Faktor entgegen, der für manche als einziger Geltung hat: der Kostenfaktor. Transportiert man Trinkwasser auf diese Weise, kostet das schon ab einer Strecke von 500 Kilometern zwischen 1,46 und 1,78 Euro; und die Transportpreise steigen mit der Länge der Strecke überproportional an. Da ist die Entsalzung von Meerwasser viel wirtschaftlicher. Ausgeschlossen kann die Möglichkeit dennoch nicht werden; bekanntlich hat die EU ja schon verrücktere Dinge subventioniert.

Lästiges Hindernis – die Einstimmigkeit in Wasserfragen

Seit Jahren versuchen Regierungsvertreter im Rat, das große Hindernis für eine „gerechte" europäische Wasserpolitik aus dem Weg zu räumen: das Einstimmigkeitsprinzip bei der Wasserbewirtschaftung. Ein erster, überfallsartiger Anschlag erfolgte auf dem Gipfel in Lissabon im April 2000, ein zweiter nur ein halbes Jahr später auf dem Gipfel von Nizza – übrigens mit Schützenhilfe von Seiten der österreichischen Grünen: Sie bezeichneten Österreichs Beharren auf der Einstimmigkeit in Wasserfragen als „extrem populistisch“ und sprachen von einer „Blockadepolitik“.

Umkämpft war das Thema auch in der Diskussion um die neue EU-Verfassung. Doch fürs Erste kann Österreich aufatmen: In der Verfassung soll die Einstimmigkeit in Gesetzen beibehalten werden, die „die mengenmäßige Bewirtschaftung der Wasserressourcen berühren oder die Verfügbarkeit dieser Ressourcen unmittelbar oder mittelbar betreffen“. Aber was geschieht, wenn dieser Grundsatz einmal beseitigt wird? Dann wird der Wassersektor wie alle übrigen so genannten „allgemeinen Dienstleistungen“ (etwa Bildung oder Gesundheit) behandelt; und für sie bietet die EU-Verfassung keinerlei ausreichenden Schutz.

Das doppelte Spiel der EU-Kommission

„Die europäische Politik wird zum Thema Eigentum der Ressource Wasser und der Wasserversorgung weiterhin eine neutrale Haltung einnehmen“, verkündet die EU-Kommission in ihrer Mitteilung zur Binnenmarktstrategie von Mai 2003. Unmittelbar davor heißt es: „... eine vorrangige Aufgabe besteht nunmehr darin, den Marktöffnungsprozess abzuschließen ... Ein Bereich, in dem möglicherweise neue Maßnahmen erforderlich sind, ist der Wassersektor ...“
Diese Ankündigung liest sich wie eine Drohung, bedenkt man, welche globale Rolle die Kommission in puncto Wasserliberalisierung spielt. Gegenüber Drittländern agiert sie in diesem Bereich nämlich als aggressivster Liberalisierungsvorreiter weltweit. Sie führt für die EU-Länder die Verhandlungen um das berüchtigte GATS-Abkommen über die Liberalisierung allgemeiner Dienstleistungen. Rat und Kommission berieten im Vorfeld unter Ausschluss der Öffentlichkeit, wo liberalisiert wird und wo nicht; auf dieser Basis präsentierte die EU den übrigen WTO-Mitgliedern im Jahr 2002 eine Liste der Angebote der EU-Länder sowie der Wünsche an andere Staaten. Das Europäische Parlament blieb von

diesen Beratungen ebenso ausgeschlossen wie die nationalen Parlamente. Umso stärker aber wurde eine andere Gruppe mit einbezogen: die europäischen Wasserkonzerne.

Der Wassersektor gehört zu jenen Bereichen, die weltweit von europäischen Unternehmen dominiert werden. Die mächtigsten Akteure darunter kommen aus Frankreich: Vivendi und Suez sind die global führenden privaten Wasserversorger und haben gemeinsam einen Weltmarktanteil von 53 Prozent. Neben diesen beiden Multis spielen auch noch die deutschen Energieriesen RWE und E.ON eine führende Rolle. Sie sind mit anderen großen europäischen Dienstleistungsunternehmen im „European Services Forum" zusammengeschlossen, das mit der Kommission eng zusammenarbeitet. Die EU-Beamten haben ihre Liberalisierungspolitik nachweislich massiv an den Interessen der Konzerne ausgerichtet. Diese sind auch die großen Profiteure der EU-Liberalisierungsforderungen.

Hinter dem Rücken der Öffentlichkeit, der nationalen Parlamente und des Europäischen Parlaments haben Rat und Kommission damit den Liberalisierungsdruck auf Europa vorbereitet. Wenn sich die EU rücksichtslos dafür einsetzt, dass ihre Unternehmen uneingeschränkten Zugang zu den Wassermärkten anderer Länder erhalten, wird sie im Gegenzug mit massiven Begehrlichkeiten anderer Staaten konfrontiert werden. Und auch Europas Wasserriesen haben nicht vor, sich den 80 Milliarden schweren europäischen Wassermarkt entgehen zu lassen.

Wie die ÖVP unser Wasser „schützt"

Im Europaparlament hatten die Gegner der Wasserliberalisierung in der letzten Wahlperiode die Oberhand – doch das kann sich mit der Erweiterung und den Europawahlen radikal ändern. Die eigentliche Gefahr kommt dabei von der zuletzt stimmenstärksten Fraktion, der konservativen Europäischen Volkspartei (EVP). Sie verfolgt in Wasserfragen einen ähnlich verlogenen Zickzackkurs wie die EU-Kommission. Zuweilen packt diese Gruppe, der unsere ÖVP-Abgeordneten angehören, ihre widersprüchlichen Positionen auch in eine einzige Abstimmung.

Ein Beispiel: Im März 2004 behandelte das Parlament die bereits erwähnte Mitteilung der Kommission zur Binnenmarktstrategie. Der Bericht dazu, über den die Abgeordneten abstimmten, stammte von einem englischen Konservativen, Bill Miller. Er schlug die Formulierung vor: „Das Parlament ... begrüßt die Vorschläge für eine Fortsetzung der Liberalisierung und eine Marktöffnung in weiteren Sektoren (insbesondere Wasserversorgung und Postdienste)." Eine überwältigende Mehrheit, einschließlich der Konservativen, stimmte in diesem Punkt mit Nein.

Wer nun dachte, die Europäische Volkspartei hätte eine Bekehrung erlebt und sich von der Wasserliberalisierung abgewandt, irrte gewaltig. Nur die besondere Betonung auf der Wasserversorgung und den Postdiensten hatten die konservativen Mandatare abgelehnt.

Dass die Konservativen nach wie vor einer Liberalisierung des Wassersektors das Wort reden, zeigte sich an zwei weiteren Änderungsanträgen im Bericht. Im ersten der beiden Anträge wurden Zweifel daran geäußert, ob die Liberalisierung „in Ermangelung von nachweislichen Vorteilen, insbesondere in den Bereichen Wasserversorgung und -aufbereitung überhaupt weitergeführt werden soll". Der zweite Antrag lautete:
„[Das Parlament] ist der Auffassung, dass die Bewirtschaftung der Wasserressourcen nicht den Regeln des Binnenmarkts unterliegen darf, da Wasser ein gemeinsames Gut der Menschheit darstellt."

Beide liberalisierungskritischen Anträge wurden von der Europäischen Volkspartei abgelehnt. Und was taten die ÖVP-Abgeordneten? Sie stimmten – trotz aller Bekenntnisse zum Schutz des österreichischen Wassers – ebenfalls dagegen.
Die gute Nachricht: Die Anträge wurden dennoch angenommen – allerdings mit einer hauchdünnen Mehrheit. Ein Beispiel, das zeigt, wie wichtig es sein kann, die „richtigen" Vertreter ins Parlament zu schicken. Ein paar ÖVP-Mandatare mehr – und es hätte kein Nein des EU-Parlaments zur Wasserliberalisierung gegeben.

Ein wenig erfreuliches Stimmverhalten hat bei der Abstimmung zur Wasserliberalisierung auch der viel beschäftigte „Aufdecker" Hans-Peter Martin an den Tag gelegt. Man möchte zwar meinen, dem offiziellen Autor der „Globalisierungsfalle" sollte es nicht gleichgültig sein, ob es zu einem Ausverkauf unseres Wassers an multinationale Konzerne kommt. Doch Martin enthielt sich bei sämtlichen Punkten der Stimme. Mediale Aufmerksamkeit zu erringen braucht Zeit, da muss die inhaltliche Arbeit eben zurückstehen.

MENETEKEL IN ENGLAND

Was uns mit einer Liberalisierung (und mittelfristig daraus folgenden Privatisierung) unserer Wasserversorgung erwartet, hat sich in England gezeigt: Die Wasserpreise stiegen um knapp 50%, die Zahl der Arbeitsplätze im Wassersektor ging um 60% zurück (dafür stiegen die Vorstandsgehälter auf ein Vielfaches an). Millionen Haushalte konnten ihre hohen Wasserrechnungen nicht mehr bezahlen. Im Jahr 2003 waren die Versorger bereits 128 Mal wegen Vernachlässigung der Infrastruktur und minderer Wasserqualität verurteilt worden; die Hepatitis-A-Fälle etwa hatten sich um 200% erhöht. Die Strafen kommen jedoch billiger als die Instandhaltung der Infrastruktur. Und schließlich – so viel zur viel gerühmten „Effizienz" privater Wasserversorger: 25% des Trinkwassers gehen aufgrund undichter Leitungen einfach verloren.

Schade, schade um die Marmelade (Tragi-)Komödie in vier Akten

Wer hat die Österreicher mit der Marmelade angeschmiert? Die Eurokraten im fernen Brüssel oder die Politiker bei uns zuhause? Alle gemeinsam, lautet die Antwort.
Jeder kennt mittlerweile das österreichische „Marmeladedrama". Es beginnt und endet – mit einem Happyend – in Brüssel; dazwischen spielt es vorwiegend in Österreich. Mitspieler sind neben den „Eurokraten" renommierte österreichische Politiker, eine große Tageszeitung und viele österreichische Bürger. Doch beginnen wir am Anfang.

Vorspiel
Eins zu null für die Briten

Es ist alteingesessenes EU-Recht, dass Marmelade nur aus Zitrusfrüchten bestehen darf. Die betreffende „Richtlinie über Konfitüre, Gelees, Marmeladen und Maronenkrem für die menschliche Ernährung“ stammt aus dem Jahr 1979. Darin wird festgehalten: Marmelade, die nicht aus Zitrusfrüchten besteht, muss Konfitüre heißen. Diese Bestimmung sollte auf dem europäischen Binnenmarkt für einheitliche Bezeichnungen sorgen. Davor wurden etwa die dänische „marmelade“, die griechische „marmelada“ und die portugiesische „marmelada“ aus beliebigem Obst hergestellt, während in England der Begriff Marmelade auf Zitrusfrüchte beschränkt war.
Die Briten lachten sich ins Fäustchen, und in Brüssel freute man sich auch, dass man zum Wohl der Händler und der Konsumenten beigetragen hatte. Auf dem Weg zum reibungslos funktionierenden EU-Supermarkt wird ja auch dafür gesorgt, dass die Konsumenten beim Kauf eines Produktes nicht irregeführt werden. Nicht auszudenken, was für böse Verwechslungen passieren hätten können, wenn ein Brite eine österreichische Himbeer-Marmelade gekauft hätte, im Glauben, es seien Orangen darin ... Niemand hätte zu träumen gewagt, dass ein kleines Land namens Österreich einmal mit dieser kleinen Richtlinie die größten Schwierigkeiten bekommen würde.

Erster Akt
Österreich vergisst auf seine Marmelade

Der eigentliche Beginn des österreichischen Marmelade-Dramas liegt im Dunkel der österreichischen EU-Beitrittsverhandlungen. Alois Mock und seine Mitstreiter wollten gegen Ende des rastlosen Verhandlungsmarathons nur noch eins: ein Ende. Nicht dass man die bereits halb ohnmächtigen Österreicher über den Tisch gezogen hätte – es rutschte nur vieles unter besagten. Der so genannte „Acquis Communautaire", der gemeinschaftliche EU-Rechtsbestand, den es zu übernehmen galt, war einfach zu umfangreich, als dass man an alles hätte denken können. Was hatte man sich nicht schon alles schützen lassen! Ribisel, Marillen, Powidl, Eierschwammerln, Erdäpfel, Faschiertes, Fisolen, Grammeln, Hüferl, Kren, Karfiol, Paradeiser, Schlögl, Topfen, Vogerlsalat und, und, und. Die arme Marmelade wurde dabei einfach „vergessen".
Lange Zeit war die österreichische Marmelade allerdings allen „Powidl", in der EU wie in Österreich. Den heimischen Großproduzenten war die Umbenennung in Konfitüre im Grunde nur recht; immerhin galt diese in Österreich früher als etwas besonders Feines, da sie im Unterschied zur passierten Marmelade ganze Fruchtstücke enthielt. Die Bauern und privaten Produzenten hatten von der neuen Regelung nie gehört und verkauften ihre Marmelade unbekümmert weiterhin als solche – unbemerkt von den Brüsseler Bürokraten, die ohnehin nur im Großhandel herumschnüffelten. Eine typisch österreichische Lösung und zweifellos nicht EU-konform – aber sie funktionierte. Im Übrigen wurde sie auch von der Österreichischen Codexkommission gebilligt; diese kam einstimmig zu dem Schluss, dass in solchen Fällen „keine Irreführung des Konsumenten vorliegt".

Zweiter Akt
Österreich vergisst schon wieder auf seine Marmelade

Im Jahr 2001 wurde die alte Richtlinie aus dem Jahr 1979 durch eine neue, fast identische ersetzt. Die Bestimmung, was sich Konfitüre und was Marmelade nennen muss, wurde praktisch unverändert übernommen. Doch o du Schande: Schon wieder vergaß die österreichische Regierung auf unsere Marmelade! Die neue Richtlinie wurde von den zuständigen EU-Ministern beschlossen, wobei man das Europäische Parlament wieder einmal außen vor ließ. Dänemark und Griechenland beantragten erfolgreich eine Ausnahmeregelung für ihre „marmelade" bzw. „marmelada" – eine Möglichkeit, die auch Österreich hätte ergreifen können.

An die Marmelade erinnerte man sich erst wieder, als nach zwei Jahren ein Brief aus Brüssel einlangte. Darin wurde unsere Regierung gemahnt, weil sie die neue Konfitüre-Bestimmung nicht, wie verlangt, bis zum 12. Juli 2003 in nationales Recht umgesetzt hatte.

Dritter Akt
Von Marmelade-Gaunern, Marmelade-Rittern und dem Marmelade-Kampf einer heimischen Tageszeitung

Von dieser Mahnung hätte die österreichische Öffentlichkeit vielleicht gar nicht viel erfahren. Publik wurde das Marmelade-Problem zu dieser Zeit vielmehr zufälligerweise durch einen bekannten niederösterreichischen Gastronomen, dessen „Wachauer Marillenmarmelade" den österreichischen Lebensmittelinspektoren durch gewisse „Unregelmäßigkeiten" in der Deklarierung aufgefallen war. Übereifrige Beamte stapelten dabei auf das Sündenkonto des geschäftstüchtigen Wirtes noch eine Draufgabe: die „EU-widrige Verwendung des Begriffs Marmelade".

Zufällig stand der Bruder des besagten Gastronomen mit dem niederösterreichischen Landeshauptmann auf bestem Fuß. Er begab sich also zu ihm und beklagte sich über die „Marmelade-Klage". Der Landeshauptmann witterte die Chance, sich als Verteidiger des österreichischen Nationalstolzes einen Namen zu machen – und verkündete in der größten österreichischen Tageszeitung, man werde das EU-„Marmelade-Diktat" nicht so einfach hinnehmen. Ein bisschen spät, aber immerhin. Unerwähnt blieb, dass nicht nur die Eurokraten, sondern auch die säumigen österreichischen Regierungsvertreter am ganzen Schlamassel schuld waren.

Unorthodoxe Methoden

Manchmal reicht der offizielle „Amtsweg" nicht aus, um in Brüssel Druck auszuüben; das weiß ich schon seit meinem Erlebnis mit der Kuh und den Flachberger Bergbauern (siehe S. 9). Nicht nur als Journalist, auch als Politiker kann man zuweilen mithilfe der Öffentlichkeit am schnellsten etwas erreichen. Daher hatte ich auch keine Bedenken, den „Marmelade-Protest" in unserer größten heimischen Tageszeitung ins Rollen zu bringen; kurz darauf folgte der niederösterreichische Landeshauptmann, und zu guter Letzt meldete sich sogar Bundespräsident Thomas Klestil zu Wort. Wenige Wochen später war das Marmeladeproblem zur Zufriedenheit aller gelöst.

Dank besagter Zeitung war bald halb Österreich empört; kein zuständiger Politiker konnte es sich nunmehr leisten, länger untätig zu sein.

Vierter Akt
Happyend in Brüssel

Unter dem Druck der österreichischen Bevölkerung präsentierte die EU-Kommission im März 2004 auf Betreiben von EU-Kommissar Franz Fischler einen Entwurf zur Änderung der deutschsprachigen Fassung der Konfitüren-Richtlinie. Damit sollte sichergestellt werden, dass Privatproduzenten und Kleinbetriebe ihre Produkte weiterhin Marmelade nennen dürfen. Im Kommissionsvorschlag wird festgehalten: „Die österreichischen Behörden haben der Kommission mitgeteilt, dass auf bestimmten lokalen Märkten der Begriff ‚Marmelade' traditionsgemäß auch für ‚Konfitüre' verwendet wird. Es wird daher vorgeschlagen, die deutsche Fassung der Richtlinie zu ändern, um den Gepflogenheiten auf bestimmten lokalen Märkten in Österreich ... Rechnung zu tragen." Wie der Begriff „lokale Märkte" näher zu definieren ist, darf Österreich selbst festschreiben.
Den letzten Gag im Marmelade-Drama lieferten aber die Deutschen. Dass sie die österreichische Marmelade lieben, ist ein offenes Geheimnis (weshalb sie früher bei uns nicht nur als „Piefke", sondern auch als „Marmeladinger" bekannt waren); der Begriff Marmelade wird aber nicht nur in Bayern, sondern sogar in manchen Regionen Norddeutschlands verwendet. Und

so beschlossen die Deutschen: Wenn die Österreicher ihre Marmelade behalten dürfen, wollen wir ihnen nicht nachstehen. Deutsche Abgeordnete brachten daher im Parlament einen Änderungsantrag ein; dem zufolge soll die österreichische Sonderregelung auch für Deutschland gelten.
„Die österreichischen Sorgen müsste man haben“, kommentierte Kommissar Franz Fischler das Marmeladedrama süffisant. – Wie Recht er doch hat, denkt man an Deutschland und Frankreich, die ihre Milliardenschulden nicht in den Griff bekommen und denen nichts anderes übrig bleibt, als den Stabilitätspakt zu kippen! Wenigstens eine Erleichterung wird ihnen vergönnt: Sie kommen im Unterschied zu harmlosen „Marmelade-Sündern“ leichter ungeschoren davon …

MADE IN EU

Wussten Sie, dass unser Austria-Gütesiegel nicht EU-konform ist? Im Jahr 2003 leitete die Europäische Kommission gegen Österreich ein Vertragsverletzungsverfahren ein. Der Vorwurf darin lautete: Die unterschiedliche Farbe des Austria-Gütezeichens für heimische Produkte (rot-weiß-rot) und für internationale Produkte (gold-weiß-gold) sowie die unterschiedliche Bezeichnung (Austria-Gütezeichen bzw. International Quality Seal) verstoße gegen den freien Warenverkehr. Damit würden Verbrauchergewohnheiten verfestigt und der Marktzugang ausländischer Produkte erschwert. Das bedeutet im Grunde, dass alle Österreicher, die Produkte aus ihrem eigenen Land bevorzugen, nicht EU-konform handeln.
Damit aber nicht genug: Auch das Label „Made in Austria“ könnte es bald nicht mehr geben. Im Jänner 2004 wurde bekannt, dass die EU-Kommission intern die Einführung einer Herkunftsbezeichnung „Made in EU“ prüfe. Damit könnten österreichische Qualitätsprodukte problemlos von minderwertigen Waren aus anderen Mitgliedsländern verdrängt werden. Da wundert es nicht, woher der Vorschlag dazu kam: vor allem von der Textilbranche, speziell aber aus einem Mitgliedsland – Italien …

VII.
EUROPA – HAUS OHNE AUSGANG?

Wie der eigene Mut Europa das Fürchten lehrt

Über eines sind sich Befürworter und Gegner der Erweiterung einig: Sie ist das gefährlichste Experiment, das die Europäische Gemeinschaft in den fünfzig Jahren ihres Bestehens unternommen hat. Es ist eine Fahrt ins Ungewisse; sie kann die größte politische Erfolgsgeschichte des 21. Jahrhunderts werden; und sie kann Europa in die Katastrophe führen – mit dem Scheitern der Union und sämtlichen unabsehbaren Folgewirkungen. Eine Alternative dazu gibt es nicht – nicht mehr. Man hat das Dogma von der Unabwendbarkeit der europäischen Einigung so lange verkündet, bis es wahr geworden ist. Jetzt geht es nur noch darum, „lebend" aus dem Abenteuer wieder herauszukommen. Ein Rezept in solchen Situationen lautet: kühlen Kopf bewahren, nach vorne schauen und sich nicht beirren lassen; nur keine Unsicherheit aufkommen lassen.

Vor allem aus politischen Gründen und aus Angst vor den explosiven sozialen Folgewirkungen wurde und wird über die großen Erschütterungen, die dieses Andockmanöver zur Folge haben wird, in der Öffentlichkeit hartnäckig geschwiegen. Gerade damit spielt die EU aber das gefährlichste Spiel überhaupt. Denn früher oder später – wahrscheinlich aber früher, als allen lieb ist – ist diese Strategie der Untertreibung und Verheimlichung nicht mehr aufrechtzuerhalten. Der erste Schritt zum Gelingen des Projekts müsste daher darin bestehen, die Erweiterungslügen aus dem Weg zu räumen, die aus Feigheit, Eigennutz und kurzsichtigem politischen Kalkül verbreitet wurden.

Die Nervosität der „Europa-Macher"

Warnungen, dass sich die EU mit der Erweiterung übernimmt, waren und sind unwillkommen und werden in der Öffentlichkeit als „Populismus" abgetan. Dabei ist diese Sorge auch unter den

Spitzen der Wirtschaft, Politik und Verwaltung vorherrschend. So war zum Beispiel Anfang 2004 von fünfhundert repräsentativen deutschen Topmanagern, Politikern und Verwaltungschefs nicht einmal ein Drittel der Ansicht, dass die EU die Erweiterung „gut verkraftet". Schon 2003 verriet der deutsche „Erweiterungsmanager", der EU-Kommissar Günter Verheugen, er sei bei Spitzenpolitikern der alten EU auf Zweifel gestoßen, ob denn die ganze Erweiterung nicht doch ein großer Fehler sei – und das auf eben jenem Gipfel in Athen, auf dem die Staats- und Regierungschefs den Beitritt von zehn Staaten besiegelten. Und auch der ehemalige Kommissionspräsident Jacques Delors bezeichnete im Jänner 2004 die Erweiterung als „viel zu früh".

„KLEINERE" PROBLEME

Einen peinlichen „Faux-Pas" hat die Frankfurter Allgemeine Zeitung im November 2003 begangen. Die Kommission, las man da, weise in ihrem Fortschrittsbericht zur Erweiterung auf „kleinere Probleme" in den Kandidatenländern hin – etwa die Diskriminierung von Frauen und von Roma …

Wenn jemand aber wirklich wissen kann, wie es um das Erweiterungsprojekt steht, dann sind es die „geheimen Macher" der EU, die höchsten Beamten der EU-Verwaltung. An ihrer Spitze stehen die Generaldirektoren der EU-Kommission, die von manchen als die „Barone der Eurokratie" bezeichnet werden und denen inoffiziell sogar mehr Macht bescheinigt wird als den wechselnden EU-Kommissaren. Was sie denken, verlässt für gewöhnlich nicht die inneren Zirkel der Brüsseler Bürokratie. Die Düsseldorfer Stiftung „Identity Foundation" präsentierte jedoch 2003 eine eigene Studie über die Generaldirektoren, die auf anonymen Befragungen der Betroffenen beruhte. Auch zur Erweiterung wurden die Direktoren interviewt, und die Antworten ergaben ein schockierendes Bild von der Befindlichkeit der „Erweiterungsmacher". Ein paar Kostproben davon: „Ein gewagtes Experiment." – „Hoffen wir, dass sich die EU nicht übernimmt." – „Die Erweiterung, das ist wie ein Menü mit zehn Gängen." – „Man hätte nicht zehn auf einmal akzeptieren dürfen." – „Wir sind da hineingeschlittert, jetzt müssen wir sehen,

dass wir zurechtkommen.“ – „Wenn es schlecht läuft, wird es eine Katastrophe.“ Und ein hoher Kommissionsbeamter kleidete seinen Pessimismus in die Worte: „Die Erweiterung ist das Ende vom Anfang, und der Anfang vom Ende.“
Günter Verheugen, der deutsche Erweiterungskommissar, agierte bei alledem schizophren. Unermüdlich arbeitete er daran, die Zweifel am ihm unterstellten Projekt zu zerstreuen, und gestand gleichzeitig ein: „Im politischen Sinne ist die EU nicht ausreichend auf die Erweiterung vorbereitet.“ Und auch er scheint zu wissen: Die EU hockt auf ihren Erweiterungslügen wie auf einem Pulverfass. Zwei Monate vor dem Beitrittsdatum warf er den Regierungen der alten Mitgliedstaaten vor, sie hätten die Öffentlichkeit zu wenig auf die Osterweiterung vorbereitet. Er hat Recht: Die Debatte, die jetzt in Gang kommt, ist „spät, viel zu spät“.

Die Quadratur des Kreises

Die deutsche Wiedervereinigung, die Deutschlands Wirtschaft heute noch, 15 Jahre später, zu schaffen macht, fiel in eine Zeit wirtschaftlicher Hochkonjunktur. Mit der Erweiterung ist es das Gegenteil: Sie erfolgt zu einem Zeitpunkt, wo die Weltwirtschaft krankt und sich Europa nicht und nicht aus der wirtschaftlichen Depression heraushelfen kann. Die EU steht damit gewissermaßen vor der Quadratur des Kreises: Sie muss um jeden Preis ihre Wirtschaft wieder in Gang bringen, und das bei einer nie da gewesenen finanziellen Belastung. Nur dann können die alten und neuen Länder voneinander profitieren. Schafft sie es nicht, geschieht das Gegenteil. In den letzten drei Jahren schon hat sich das Wachstum in den neuen Mitgliedstaaten verlangsamt, weil die Märkte der Union, von denen diese Länder abhängig sind, unter der Konjunkturflaute litten. Für die wirtschaftliche Entwicklung der „Neuen“ sind aber hohe Wachstumsraten notwendig; die wiederum lassen sich nur über einen wirtschaftlichen Aufschwung in den derzeitigen Mitgliedstaaten erreichen. In der gemäßigten Sprache der EU-Kommission heißt das: Die Erweiterung der Union „wird bisher nie da gewesene Herausforderungen für deren Wettbewerbsfähigkeit und inneren Zusammenhalt mit sich bringen“.

„Das Anhalten der Wirtschaftsflaute lässt darauf schließen, dass grundlegende Probleme vorhanden sind, die gelöst werden müssen", hat die Kommission in ihrem letzten Bericht zum sozialen und wirtschaftlichen Zusammenhalt, dem so genannten „Kohäsionsbericht", im Februar 2004 festgestellt. Diese Probleme sind zum Teil hausgemacht und betreffen zum Beispiel das EU-Subventionssystem. Vernünftigerweise hätte man sie lösen müssen, bevor man alle wirtschaftlichen, sozialen und strukturellen Schwierigkeiten darauf stapelt, die die neuen Länder in die „Ehe" mitbringen. Kaum einer traut sich heute noch, den Erweiterungs-Fahrplan als ökonomisch vernünftig zu bezeichnen. Er fußt auf politischem Willen und politischen Zwängen statt auf objektiven wirtschaftlichen und logistischen Analysen. Vielleicht, wer weiß, wird Europa langfristig als großer Gewinner dastehen. Die immensen Beihilfen, die in den kommenden Jahren in den Osten abfließen werden, sind nicht einfach karitative Ausgaben; sie sind langfristig als Investitionen gedacht; in dem Maß, in dem die neuen Länder wirtschaftlich stärker werden, könnte ganz Europa profitieren. Aber der Punkt ist: Es sind Investitionen mit immensem Risiko; sie rechnen sich, wenn überhaupt, vielleicht erst in Jahrzehnten, und ihre Nutznießer sind höchst unklar. Gepokert wird dabei mit dem Geld der europäischen Steuerzahler; und dieselben, die das Geld bereitstellen, dürfen bei den Entscheidungen nur als Statisten herhalten.

Schwarze Zahlenspielereien

Benita Ferrero-Waldner hat am 8. April 2004 eine Mitteilung gemacht, die wohl alle Politiker in Brüssel aufatmen ließ: „Die bevorstehende ... Erweiterungsrunde der Europäischen Union ist nicht nur die größte, sondern auch die am besten vorbereitete in der Geschichte der Europäischen Union." Auch die Kostenfrage haben unsere Schwarzen schon gelöst – zumindest wenn es um Österreich geht: Die Erweiterung kostet die Österreicher genau 50 Cent pro Kopf und Kragen, weiß die ÖVP-Delegationsleiterin im EU-Parlament, Ursula Stenzel; insgesamt belaufen sich die Kosten für Österreich auf 223 Millionen Euro, 0,75 Prozent wird das Wirtschaftswachstum betragen, und wir bekommen 30.000 neue Arbeitsplätze.

Das weckt Erinnerungen: Beim EU-Beitritt Österreichs hatte Wolfgang Schüssel, damals Außenminister, 70.000 neue Arbeitsplätze prophezeit. Und die sozialistische Bundesgeschäftsführerin Brigitte Ederer versprach: Jede österreichische Familie hat nach dem Beitritt monatlich 1.000 Schilling mehr im Geldbörsel ...

Ist die Erweiterung finanzierbar?

Mit den unangenehmen Entscheidungen ist es in der EU wie mit den unangenehmen Wahrheiten: Sie werden möglichst lange zurückgehalten. Das gilt auch für die Frage: Wie und mit welchem Geld finanzieren wir die Erweiterung? Die EU handelt wie jemand, der einen Kaufvertrag für ein neues Auto unterzeichnet, auch wenn er noch gar nicht so recht weiß, wo er das Geld dafür hernehmen wird, ja nicht einmal, wie viel es genau kosten wird. Denn die tatsächlichen Kosten der Erweiterung werden erst in den nächsten Finanzperioden zu Buche schlagen. Für Brüssel ist das allerdings ganz gut so. Wäre von Anfang an klar gewesen, welches Land in welchem Ausmaß zur Kasse gebeten wird, hätte die Erweiterung vielleicht nie stattgefunden; keine Regierung hätte sich getraut, mit diesen Zahlen vor ihre Wähler zu treten.

Das Pro-Kopf-Einkommen der neuen Mitgliedstaaten beträgt weniger als die Hälfte des Durchschnitts der jetzigen Union. (In Rumänien und Bulgarien, denen ein Beitritt für 2007 in Aussicht gestellt wurde, sind es sogar nur 30 Prozent.) Für die gesamte EU bedeutet das zunächst, dass das Pro-Kopf-Einkommen durch die Erweiterung gegenüber dem bisherigen Stand um 12,5% sinkt. Bis die neuen Länder das Entwicklungsniveau der gegenwärtigen EU-Nachzügler Griechenland oder Portugal erreichen, kann es Jahrzehnte dauern. Ein Vierteljahrhundert etwa hat Brüssel gebraucht, um Irland mit unermüdlichen Geldspenden so weit zu bringen, dass es innerhalb der EU auf eigenen Füßen stehen konnte. Das Land gehörte seit seinem Beitritt 1973 zu den so genannten Nettoempfängern, das heißt, es bekam aus Brüssel mehr (und zwar viel mehr) zurück, als es einzahlte; das Geld dafür kam von den so genannten Nettozahlern, darunter Österreich und Deutschland.

Jetzt treten auf einmal acht neue Nettoempfänger (sämtliche neuen Länder mit Ausnahme von Tschechien und Slowenien) der Union bei. Immense Beihilfen werden viele Jahre lang an sie abfließen. Dabei handelt es sich in erster Linie um Agrar- und Strukturbeihilfen – zwei Fördertöpfe, die gemeinsam 80 Prozent des gesamten EU-Haushalts ausmachen. Am meisten Geld kommt dabei aus dem Agrartopf; immerhin nimmt mit der Erweiterung die Zahl der in der Landwirtschaft beschäftigten Menschen um 60% zu. Die Strukturbeihilfen sind jene Gelder, die durch die Förderung schwächerer Regionen die Unterschiede in der wirtschaftlichen Entwicklung Europas ausgleichen und damit die Wirtschaft insgesamt stärken sollen. Sie sind für gähnend leere Autobahnen im hintersten Griechenland ebenso verantwortlich wie für die Erfolgsgeschichte Irlands.
Nicht nur, wo man das Geld hernehmen wird, ist noch völlig unklar, sondern auch, wohin dieses Geld tatsächlich fließen wird. Seit es EU-Beihilfen gibt, versickert ein großer Prozentsatz davon in dunklen Kanälen, in Projekten, die es nicht gibt, die nicht fertig gestellt werden oder die keiner braucht. Bis heute versagt die Kommission in ihrer Kontrollfunktion. Ab nun aber fließt ein großer Teil der Gelder in Länder, die, wie die Kommission selbst immer wieder betont hat, ein Hauptproblem haben: Korruption und eine schwache Verwaltung. Schon bisher hat sich gezeigt, dass einige unter den Neuen die EU-Agrarbeihilfen nicht ordnungsgemäß verwalten konnten. Und bereits in der „alten" EU galt: Die größten Mittelempfänger – etwa Spanien – meldeten die wenigsten Betrugsfälle.

BEGEHRTE SUBVENTIONSPROFIS

Das EU-Subventionssystem ist nicht leicht durchschaubar. In den letzten Jahren wurden viele Beamte aus den Erweiterungsländern damit vertraut gemacht. Diese werden jetzt gezielt von privaten Firmen abgeworben, die sich mit Insider-Wissen Subventionen ergaunern wollen.

Die Schlacht ums Geld

Um die nötigen Summen für die Neuen aufzutreiben, hat die Union mehrere Möglichkeiten. Strategie eins: Abgezweigt wird von jenen Regionen etwa in Südspanien oder auf dem Gebiet der ehemaligen DDR, die bisher großzügige Förderungen in Anspruch nehmen durften; aber auch österreichische Regionen werden von den Kürzungen betroffen sein. Strategie zwei: Die Abgaben der Mitgliedsländer werden erhöht – zu Lasten der Nettozahler. Bisher galt für das EU-Budget in der Praxis die Obergrenze von 1% des EU-Bruttonationaleinkommens (insgesamt rund 100 Milliarden Euro). Dieser Betrag soll nun auf 1,22% erhöht werden. Sechs Nettozahler, darunter Österreich, protestierten zwar in einem Brief an den Kommissionspräsidenten Romano Prodi, der antwortete aber nur: „Wunder sind nicht meine Spezialität." Strategie drei: Man krempelt die EU-Agrarpolitik, die gegenwärtig fast die Hälfte des gesamten EU-Budgets ausmacht, so um, dass kein Stein auf dem anderen bleibt; damit wird das Überleben für die Bauern aus den alten EU-Ländern schwieriger als je zuvor. Und Strategie vier: Die Steuerzahler werden mithilfe einer EU-Steuer direkt zur Kasse gebeten. Wohlgemerkt: So weit sind wir noch nicht. „Nur" 40 Milliarden Euro stellt die EU den neuen Ländern zwischen 2004 und 2006 zur Verfügung – ein stolzer Betrag, aber dennoch erst ein bescheidener Anfang. Das „dicke Ende" kommt mit den darauf folgenden Budgetperioden. Denn die Höhe der Beihilfen für die neuen Länder wird stufenweise angehoben; erst ab 2013 erhalten die neuen Länder die vollen Förderungen.

Ende 2004 beginnen die Verhandlungen für den Finanzplanungszeitraum 2007 bis 2013. Dann wird, nach dem Trompetengeschmetter der feierlichen „Wiedervereinigung", eine Schlacht ums Geld beginnen, die alles bisher da Gewesene in den Schatten stellt. Dabei war das Tauziehen rund um den EU-Geldtopf 2000 bis 2006 ja schon spektakulär genug: Beschlossen wurde das Budget nach 20-stündigen Verhandlungsmarathons, einem heftigen Schlagabtausch zwischen Chirac und Schröder um die Agrargelder und einem spätnächtlichen Schreiduell zwischen dem Kanzler des größten Nettozahlerlandes (Deutschland) und dem Premier des größten Nettoempfängers (Spanien). Die Streitfrage bleibt auch nach der Erweiterung dieselbe: Wie viel Geld fließt von den starken Ländern zu den schwachen? Nur die „Schlachtordnung" hat sich geändert: Eine neue Front gibt es zwischen alten und neuen Nettoempfängern: Die förderungsbedürftigen Regionen in den alten Mitgliedstaaten leiden nach der Erweiterung unter genau denselben Problemen wie bisher; trotzdem werden ihre Zuschüsse dramatisch gekürzt werden. Alte und neue Nettoempfänger werden aber nicht nur gegeneinander antreten, sondern sich auch miteinander gegen die Nettozahler verbünden, um die Förderungen insgesamt möglichst hoch zu halten. Für Wirbel werden auch Polen und Frankreich sorgen: Das eine Land beschäftigt so viele Menschen in der Landwirtschaft wie kein anderes Erweiterungsland und hat schon vor dem Beitritt mit Zähnen und Klauen um möglichst hohe Agrargelder gestritten; das andere hatte bisher den größten Anteil am Agrartopf und boykottiert traditionell jede Reform, die seine Bauern schlechter stellen würde. Kurz und gut: Es wird ein chaotischer Verteilungskampf – jeder gegen jeden.

Lügen, hüben ... und drüben

Die Menschen in den alten und den neuen Ländern befinden sich im gleichen Boot. Sie werden von ihren Regierungen gleichermaßen belogen und zum Narren gehalten. Geradezu kriminell wurden in den Kandidatenländern Erwartungen geschürt, die niemals eingehalten werden können. Wenn nichts davon in den nächsten zwei Jahren eintrifft, wird die Bevölkerung der EU und ihren Regierungschefs die Rechnung präsentieren. Zu den Spannungen zwischen den Staaten werden sich innenpolitische und soziale Spannungen gesellen, die einander wechselweise verstärken und Europa als Ganzes destabilisieren werden.
Man muss direkt froh sein, dass die Bevölkerung so viel gesunde Vernunft hat, dass sie trotz aller Versprechungen skeptisch ist. Eine Umfrage der Gesellschaft für Konsumforschung etwa hat zu Beginn 2004 ergeben: Nur ein Drittel der Bürger der neuen Länder glaubt, dass der Lebensstandard mit dem Beitritt steigen wird. Kein Wunder – nehmen wir das Beispiel Polen: Ein Viertel der Landbevölkerung lebt dort unter dem Existenzminimum. Produziert wird teilweise mit einfachsten Techniken und Geräten. Unmöglich können die kleinen Landwirte mit den Preisen der hoch subventionierten EU-Lebensmittel aus Deutschland, Frankreich oder den Niederlanden mithalten, die schon seit

einigen Jahren die Supermärkte überschwemmen. Zwangsläufig entsteht bei den Bauern der Eindruck, dass die EU vor allem eines will: auf ihre Kosten den eigenen Markt erweitern. Dass sie nach dem Beitritt zunächst mit viel geringeren Beihilfen vorlieb nehmen müssen als die alten Länder, verstärkt die Existenzangst und den Eindruck, einem Zwei-Klassen-Europa beizutreten. Bauern und Kleinunternehmer, in unrentablen Zweigen beschäftigte Arbeiter und so manche Beamte – alle haben sie Angst vor dem schonungslosen Wettbewerb, der sie in Europa erwartet.

Schon bisher lautete ein bewährtes Rezept der EU-Regierungschefs: Alles Gute, das von der EU kommt, heftet man sich auf die eigenen Fahnen, alles Schlechte schiebt man auf „Brüssel“. Auch die Regierungen der neuen Länder werden bei auftauchenden Problemen stets der EU den „schwarzen Peter“ zuspielen. Was passiert zum Beispiel, wenn Polen die Standards in der Tierhaltung und in der Lebensmittelsicherheit nicht erfüllen kann? Die Kommission schickt Warschau eine Warnung, die die Regierung in den Wind schlägt – einerseits weil ihr die Einmischung der Kommission in diesem Bereich gegen die nationale Ehre geht, andererseits weil sie einfach nicht imstande ist, die Forderungen zu erfüllen. Die Folge: Eine Reihe von europäischen Staaten schließen ihre Grenzen für polnische Produkte. Ein anderes Szenario: Was passiert, wenn Polen es nicht schafft, die erforderlichen Kontrollsysteme für die Verwaltung der EU-Gelder aufzubauen? Dann könnte die EU-Kommission gezwungen sein, die Direktzahlungen an die polnischen Bauern zurückzuhalten. Wie wird Polen in solchen Fällen reagieren? Natürlich wird die EU zum Sündenbock gemacht und als Klub der Reichen denunziert werden.

RUMÄNIENS JA ZUR EU

In allen Beitrittsländern bis auf Zypern fanden im Jahr 2003 Volksabstimmungen über einen EU-Beitritt statt. Auch Rumänien, dem ein Beitritt im Jahr 2007 in Aussicht gestellt wurde, hat schon sein Referendum dazu abgehalten – allerdings unter dubiosen Umständen. Man befürchtete nämlich, dass die erforderliche 50-prozentige Wahlbeteiligung nicht zustande kommen würde. Also organisierte die regierende Sozialdemokratische Partei in aller Eile noch am Wahlsonntag eine fragwürdige Mobilmachung:

Funktionäre im ganzen Land wurden angewiesen, die Menschen aus ihren Häusern an die Urnen zu holen. Mehreren rumänischen Journalisten gelang es, gleich fünfmal zu wählen.

Ein notwendiges Übel?

Vielleicht hätte man doch besser daran getan, die Wahrheit zu sagen? Diese könnte in etwa lauten: Die Erweiterung wird für alle als Belastung spürbar werden, unmittelbare Gewinne werden im Großen und Ganzen weder für die Bürger in den alten noch in den neuen Ländern greifbar sein; die ersten Jahre werden eine Durststrecke sein. Mittelfristig sind radikale und schmerzhafte Reformen notwendig, sonst stürzt Europa in eine schreckliche Krise. Langfristig kann das Abenteuer zum Erfolg führen, muss es aber nicht. Man könnte auch sagen: Die Erweiterung ist wie eine langwierige, aber notwendige Zahnbehandlung. Nur wenn Europa eine starke Einheit bildet, kann es sich auf Dauer in einer globalisierten Welt behaupten. In diesem Fall müsste man aber auch dazusagen: Es gibt, wie bei der Globalisierung, nur einen sicheren Gewinner – und das sind die Konzerne. Aber statt die unbequeme Wahrheit zu sagen, hat man sich für den bequemen Weg der Lüge entschieden. Im einen Fall wäre „nur" das Erweiterungsprojekt auf dem Spiel gestanden. Im zweiten Fall steht nicht nur das Erweiterungsprojekt, sondern auch die europäische Demokratie auf dem Spiel.

Von Öko-Muffeln und Nuklearmissionaren

Rien ne va plus

Rossbreiten nennt man die berüchtigten Bereiche der subtropischen Hochdruckgürtel, in denen selbst die stolzesten Segelschiffe mangels Wind liegen zu bleiben drohen. In eine solche Zone droht die Erweiterung die EU-Umweltpolitik hineinzumanövrieren. Wie ein Damoklesschwert schwebte das Beitrittsdatum im letzten Arbeitsjahr über den Köpfen der Verhandler. In rasendem Tempo versuchte man, an Umweltgesetzen durchzupeitschen, was nur irgend möglich erschien. Wie das Amen im Gebet kehrte die Mahnung wieder: „Wir müssen uns vor dem 1. Mai 2004 einigen, danach geht nichts mehr – rien ne va plus.“

Frisch-fröhlich blauäugig verkünden schwarze Politiker ihren Wählern, die EU-Erweiterung sei ein „Gewinn für die Umwelt“; denn alle neuen Länder müssten sich ja nun an die strengeren EU-Bestimmungen halten. Aber wie immer gilt: Wer die halbe Wahrheit sagt, sagt die Unwahrheit. Tatsächlich könnte die Umwelt Europas in den nächsten Jahren zu den größten Verlierern der Osterweiterung zählen. Den Erweiterungsländern fehlen zwei Jahrzehnte ökologischer Diskussion; Werte wie Wasser-, Luft- und Lebensmittelqualität haben bei ihnen einen viel geringeren Stellenwert als bei den angestammten Mitgliedstaaten. Ab dem Zeitpunkt, wo sie gleichberechtigt am Verhandlungstisch sitzen, droht die gesamte EU-Umweltpolitik über Jahre stillzustehen.

Ein mulmiges Gefühl haben nicht nur die Umweltorganisationen. Auch Prognosen von Seiten der Generaldirektoren zeichnen ein düsteres Bild. Kein Wunder: Sämtliche neuen Mitgliedsländer müssen in den nächsten Jahren darum ringen, den wirtschaftlichen Anforderungen der Gemeinschaft gerecht zu werden. Und Umweltschutz hat nun mal, zumindest kurzfristig gerechnet, seinen Preis. Die Neuen werden nicht nur versuchen, sich am gemeinsamen Rechtsstand „vorbeizudrücken“; sie werden aller Wahrscheinlichkeit nach auch bei sämtlichen Umweltvorhaben auf die Bremse steigen – ob im Verkehrsbereich, bei der Luftreinhaltung oder der Atomkontrolle.
Zu erwarten ist im günstigsten Fall ein Europa der zwei Geschwindigkeiten: Die EU-Kommission wird statt konkreter Vorgaben vermehrt so genannte „Rahmengesetze“ vorschlagen. Damit haben die einzelnen Staaten einen größeren Spielraum bei der Umsetzung und müssen sich nicht an streng verbindliche anspruchsvolle Ziele halten. Die allgemeinen Standards werden also nach unten nivelliert; alles, was darüber hinausgeht, ist als „Fleißaufgabe“ zu werten. Da höhere Standards auch eine Verteuerung der Produkte bedeuten, die dann mit der billigen Konkurrenz des EU-Auslands nicht mithalten können, ist zu befürchten, dass nicht viele diese Fleißaufgabe machen werden.

Rauer Wind

Der Amsterdamer Vertrag von 1997 hat dem Europäischen Parlament das Mitentscheidungsrecht in fast allen wesentlichen Umweltbelangen der EU gebracht. Der große Wermutstropfen dabei: Für den unsäglichen EURATOM-Vertrag gilt dieses Recht nicht. Doch ansonsten herrscht in der Umweltpolitik Gleichberechtigung zwischen Rat und Parlament.
Nicht zuletzt im Umweltausschuss des Parlaments fallen damit wesentliche Grundentscheidungen, ob es um Luftreinhaltung, Abfallbeseitigung, Gentechnik, Chemiepolitik, Klimapolitik oder Erneuerbare Energien geht. Das Parlamentsplenum bleibt umweltpolitisch allerdings weit hinter dem Fachausschuss zurück. Besonders in Atomfragen sind die Entscheidungen meist so knapp, dass je nach Besetzung des Plenums eine Abstimmung für, eine wieder gegen die Atomkraft ausgeht.

Die alles entscheidende Frage lautet daher: Wie ökologisch wird das Parlament nach den Europawahlen am 13. Juni besetzt sein?
Vor der Erweiterung gab es im EU-Parlament keine klassische Anti-Umweltpartei; selbst bei den Liberalen oder Konservativen gab es eine gewisse Bandbreite hinsichtlich Umweltbewusstsein und Stimmverhalten. Immer wieder zogen Gleichgesinnte jenseits der parteipolitischen Farbenlehre gemeinsam an einem Strang, wenn es um die Verwirklichung ökologischer Ziele ging. Als fraktionsfreier Einzelkämpfer wurde ich bei meinen Berichten und Stellungnahmen stets von Abgeordneten aller politischen Lager unterstützt.
In Summe sind die Ergebnisse des EU-Parlaments in Umweltbelangen zwar keine Meilensteine, aber doch zufrieden stellend.
Mit der Erweiterung werden ökologische Themen zum politischen Problemfall in der EU werden. Erwartet uns der komplette Stillstand, in manchen Bereichen sogar eine radikale Umkehr des bisherigen Weges? Politik ist ein reaktives Instrumentarium, das sich auf Druck von außen in Bewegung setzt. Ist Umweltschutz kein öffentliches Thema, färbt dies sofort auf die Politik ab. Daher wird es auch sehr von der Stärke und Effizienz der Umweltbewegungen abhängen, in welche Richtung die umweltpolitische Entwicklung gehen wird. Der Wind bläst rau ab 1. Mai. Unendlich viel Aufklärungsarbeit, Motivation und Druck von unten sind die Gebote der Stunde.

Alte und neue Öko-Muffel

Durch die Erweiterung werden die Kräfteverhältnisse in der europäischen Umweltpolitik völlig durcheinander gewirbelt. Wenn etwa ein Großteil der neuen Länder sich im Rat mit den alten EU-„Umwelt-Muffeln" zusammentut, könnten die engagierten Staaten sehr bald in der Minderheit sein. Im Europaparlament wiederum verlaufen die Fronten weniger zwischen den Nationen als zwischen den Fraktionen. Hier haben die Erweiterungsländer im Umweltbereich einen besonders mächtigen Verbündeten: Die stimmenstärkste Fraktion, die Europäische Volkspartei, zog in den letzten Monaten vor der Erweiterung alle Register des Intrigenspiels, um wichtige ökologische Entscheidungen über den 1. Mai 2004 hinauszuzögern und so den Neuen in die Hände zu spielen.
Der größte „Intrigantenstadl" war der Umweltausschuss; zumal dessen Vorsitzende, Caroline Jackson, nicht nur Konservative, sondern auch noch eine Britin ist – und damit traditionell besonders industriefreundlich. Sie zeigte sich gar nicht glücklich darüber, dass so viele Umweltgesetze in den letzten Monaten vor der Erweiterung noch „durchgedrückt" wurden.

Erbitterte Auseinandersetzungen gab es vor allem rund um das geplante EU-Chemikaliengesetz, die so genannte „REACH"-Richtlinie: Dieses Mammutunternehmen soll erstmals einen umfassenden Sicherheits- und Gesundheitsschutz bei Chemikalien einführen. Schon im Juni 2003 verzögerte sich das Gesetzesverfahren, weil die EU-Kommission ihre Internetkonsultation über den Richtlinienvorschlag um mehrere Wochen verlängerte – auf Wunsch der Chemieindustrie. Damit wurden die Chancen, die Richtlinie noch vor der Erweiterung zu verabschieden, schon deutlich geringer. Im Parlament ging der Kampf weiter: Die Konservativen und die Chemielobby setzten zunächst alles daran, zu erreichen, dass die Richtlinie nicht dem Umweltausschuss, sondern dem Industrieausschuss zugewiesen wurde. Schließlich entschied die Präsidentenkonferenz doch zugunsten des Umweltausschusses – aber unter einer höchst unüblichen Bedingung: Die Abstimmung über den betreffenden Bericht im Plenum sollte nicht vor den EU-Wahlen

stattfinden! Aber nicht genug damit: Eine konservativ-liberale Mehrheit blockierte im Umweltausschuss die Diskussion des Berichtsentwurfs. Damit konnte nicht einmal die Abstimmung im Fachausschuss in der alten Wahlperiode stattfinden.
Die Chemieindustrie, die mit aggressivsten Mitteln die Verschiebung des Verfahrens zu erreichen suchte, hat ganze Arbeit geleistet. Was zu einer der größten Reformen der EU im Umwelt- und Gesundheitsschutz werden hätte können, ist schon jetzt nur noch ein Schatten des ursprünglichen Entwurfs. Und mit den neuen Mehrheitsverhältnissen könnte aus der Riesenreform vollends ein lächerliches Reförmchen werden.

Das Imperium schlägt zurück

Mehr als nur Stillstand droht nicht nur in der Verkehrs-, sondern auch in der Energiepolitik. Das Schreckensszenario, das es unter allen Umständen abzuwenden gilt, ist ein radikaler Paradigmenwechsel und die Auferstehung einer Macht, die man vor wenigen Jahren schon fast am Ende glaubte: der Nuklearindustrie.

In der „Energiebilanz" der Europäischen Union führen die fossilen Energieträger Öl, Gas und Kohle mit 79 Prozent; 15 Prozent trägt die Nuklearenergie bei, bloß sechs Prozent stammen aus Erneuerbaren Energien wie Wasser- und Windkraft, Biomasse, Erdwärmenutzung, Meereswellen und Photovoltaik.
Die massive Nutzung der fossilen Energieträger steht nicht nur in krassem Widerspruch zu den Klimaschutzzielen der EU, sie birgt auch große wirtschaftliche und politische Gefahren. Die Union ist bei ihrer Energieversorgung zu 50 Prozent fremdenergieabhängig; und ohne Kurswechsel wird die Importquote bis zum Jahr 2030 gar auf 70 Prozent ansteigen.

Mit der Erweiterung verschärft sich dieses Problem massiv. Dabei setzten die Ostländer jahrzehntelang auf Energie-Autarkie; doch diese wurde mit umweltschädlichen Energieformen teuer erkauft: In Polen etwa liegt der Anteil der Kohle an der Primärenergie-Produktion des Landes immer noch bei rund 90 Prozent. Und Tschechien bläst europaweit die meisten Treibhausgase pro Kopf in die Luft.

Was also tut man, um dem von der EU „verordneten“ umweltfreundlichen Energiemix näher zu kommen? Möglichkeit eins: Man importiert mehr Energie. Erdgas aus Russland etwa wird der heimischen Kohle zunehmend den Rang ablaufen. Doch diese Strategie verstärkt die Fremdenergieabhängigkeit der EU weiter. Möglichkeit zwei: „billige“ heimische Energie, die keine Treibhausgase produziert. Mit einem Wort: Atomenergie.

„Vernunft“ auf tschechisch

Als sich Tschechiens Industrieminister Milan Urban im März 2004 in einer Tageszeitung zur Energiezukunft Europas äußerte, hätte man seine Ausführungen für einen schlechten Scherz halten können. Gerade eben hatte die Regierung ein neues energiepolitisches Konzept bis 2030 gebilligt; der Anteil der Atomkraftwerke an der Energieproduktion sollte demnach erhöht, zwei weitere atomare Blöcke sollten errichtet werden. Milan Urbans Kommentar dazu ließ einem die Haare zu Berge stehen: „Ich bin glücklich, dass wir uns der Seite der Vernunft und des technischen Fortschritts angeschlossen haben“, las man da. Die ablehnende Haltung zur Atomenergie „in einem Teil Europas“ werde sich gewiss sehr schnell ändern. Und schließlich bedauerte der Politiker: „In einigen europäischen Staaten siegt jedoch immer noch die Ideologie über die gesunde Vernunft.“ Wer dachte, der Industrieminister sei das einzige Opfer solcher Verblendung, wurde kurz darauf eines Besseren belehrt: Der tschechische Premierminister Vladimir Spidla erklärte bei einem Besuch im finnischen Atomkraftwerk Loviisa: Er sei sich „persönlich sicher“, dass „in absehbarer Zeit“ fast alle EU-Staaten auf die Nutzung der Nuklearenergie zurückgreifen würden.
Tatsächlich setzen gegenwärtig nur zwei von den 15 alten Mitgliedstaaten – nämlich Frankreich und Finnland – und unter den neuen allein Tschechien auf den weiteren Ausbau der Atomenergie. Aber dieses Dreieck könnte dennoch zum Kern einer künftigen pro-atomaren Koalition werden. Mit Bulgarien und Rumänien, deren Beitritt für das Jahr 2007 geplant ist, bekommt die Atomlobby weitere Verbündete. Erst im April 2004 erklärte die bulgarische Europaministerin unmissverständlich: Bulgarien habe beschlossen, ein nukleares Land zu

bleiben und neue Reaktoren zu bauen. Und Rumänien erhielt im März 2004 einen EURATOM-Kredit von 223,5 Millionen Euro für den Fertigbau seines Atomkraftwerks Cernavoda II. Und das, obwohl das AKW ökonomisch gesehen völlig überflüssig ist; in Rumänien gibt es bereits jetzt Strom-Überkapazitäten und enorme Einsparpotenziale.

Kein Ja zum Tschechien-Beitritt

Bei der großen Erweiterungsabstimmung im Parlament stimmte ich seinerzeit für den Beitritt aller Staaten – mit Ausnahme Tschechiens und Polens (Letzteres aufgrund von Polens Verhalten in der Irakfrage). Ich war strikt dagegen, dass man die Klärung der Benes- und der Temelin-Causa auf die Zeit nach der Erweiterung verschiebt. Der atomare Missionswille des tschechischen Premiers und seines Industrieministers hat gezeigt, wie berechtigt diese Einschätzung war.

Strahlende Zukunft?

Schlägt das Imperium zurück? Ist die EU wirklich auf dem Weg, sich unter dem massiven Druck der Atomlobby energiepolitisch um Jahrzehnte zurückzukatapultieren? Zweifellos hat sich die EU mit Tschechien ein Kuckucksei gelegt. Daran ist sie allerdings ganz alleine schuld. Statt einem Bekenntnis zum Atomausstieg gilt in Europa unverändert jener berüchtigte Vertrag aus der Gründungsphase der Europäischen Gemeinschaft, der seinerzeit der „schnellen Bildung und Entwicklung von Kernkraftindustrien" dienen sollte: der EURATOM-Vertrag. Er erlaubt die Auszahlung von Milliardensubventionen für alte und neue Kernkraftwerke ohne jede demokratische Kontrolle durch das Europäische Parlament (das in Atomfragen nur ein Anhörungsrecht hat) und die nationalen Parlamente. Im November 2002 schlug die Kommission auf Betreiben der Energiekommissarin und massiven Atombefürworterin Loyola de Palacio vor, die EURATOM-Kredite von vier auf sechs Milliarden hinaufzusetzen. Anstandslos wurde diese Forderung sogar von einer Mehrheit der Parlamentarier gutgeheißen.

Unter den skandalös wettbewerbsverzerrenden Voraussetzungen, die in der EU herrschen, ist die Atomenergie freilich „billig“; die Preise für Atomstrom sind nur deswegen möglich, weil externe Kosten nicht mit eingerechnet werden. Die EU finanziert nicht nur den Fertigbau von AKWs und Sicherheitsmaßnahmen; die Nuklearenergie unterliegt auch keiner Haftpflicht: So schreibt eine EU-Richtlinie über Umwelthaftung, die zu Beginn 2004 verabschiedet wurde, in allen Umweltbereichen – auch im Bereich Erneuerbarer Energien – eine Haftung von Unternehmen vor. Ausgerechnet die Nuklearenergie blieb auf Wunsch einer Mehrheit der Parlamentarier und der Regierungen jedoch davon ausgeschlossen. So haftet für Unfälle nicht der Anlagenbetreiber, sondern die Öffentlichkeit. Auch das ungelöste Problem der Endlagerung wird nicht eingerechnet.
Wundert es, dass die einzige echte Alternative, Erneuerbare Energieträger, in vielen Ostländern kaum als solche wahrgenommen wird? In der Energiefrage herrscht dasselbe Grundsatzproblem wie im Verkehrsbereich: Die fehlende Kostenwahrheit verhindert den Wechsel hin zu einem nachhaltigen und umweltfreundlichen System. Die Probleme sind hausgemacht: Dass ein Beitrittsland wie Tschechien zur „atomaren Erneuerung“ Europas aufrufen kann, ist nur möglich, weil die EU selbst bis heute nicht zu einem Bekenntnis zum Atomausstieg fähig war.

EURATOM und kein Ende

Die Europäische Verfassung hätte die einzigartige Chance geboten, den für die „Ewigkeit“ geschaffenen EURATOM-Vertrag mit einem Ablaufdatum zu versehen, ihn unter demokratische Kontrolle zu stellen und nur noch für Stilllegungen von AKWs zu verwenden. Doch ursprünglich war eine Behandlung dieses Vertrags im Konvent – der bekanntlich die EU-Verträge neu ordnen sollte – nicht einmal vorgesehen. Schließlich wurde das Thema doch noch auf die Tagesordnung gesetzt, aber mit wenig Erfolg. Das einzige „Zugeständnis“, das gemacht wurde: Der EURATOM-Vertrag wird nicht in die Verfassung integriert, sondern als Zusatzprotokoll beigefügt – eine zweischneidige Lösung: Denn damit wird eine Reform des Vertrags zwar erleichtert;

andererseits aber hat man sich damit an der öffentlichen Diskussion um die Fortführung der EU-Atomförderpolitik vorbeigeschwindelt. Man fürchtete nämlich, eine etwaige Volksabstimmung zur Verfassung könnte zur Grundsatzfrage über Ja oder Nein zur Atomenergie werden und das Verfassungsprojekt zum Scheitern bringen.

Eine Reform von EURATOM ist bislang nicht in Sicht. Immerhin beschloss das Parlament im September 2003, die Regierungen dazu aufzufordern, eine Revisionskonferenz zu EURATOM einzuberufen. Die ÖVP-Abgeordneten (die schon im Jahr 1996 gegen ein Auslaufen des EURATOM-Vertrags und damit für die weitere Förderung der Atomkraft votiert hatten) stimmten übrigens dagegen.

HK DIREKT

Viel erreicht, viel zu tun

Als ich im Jahr 1996 Mitglied des Europäischen Parlaments wurde, hatte ich ein großes Ziel: Ich wollte meinen Teil dazu beitragen, den Erneuerbaren Energien in Europa zum Durchbruch zu verhelfen. Mit rund einem Dutzend Stellungnahmen im Umweltausschuss habe ich mich in den sieben Jahren meiner parlamentarischen Arbeit an der Gesetzgebung zu den Erneuerbaren Energien beteiligt. Und es gibt keine größere Befriedigung für einen Politiker, als die eigenen Forderungen in Gesetzesform realisiert zu sehen: etwa den europaweiten fairen Netzzugang für Biogas, die Erhöhung des Stromanteils Erneuerbarer Energien in der EU auf 22 Prozent oder die Verpflichtung, dass Energieunternehmen ihren Energiemix gegenüber ihren Kunden offen legen müssen.

Die Richtlinie über Strom aus Erneuerbaren Energieträgern aus dem Jahr 2001 ist der vielleicht größte energiepolitische Meilenstein, den die EU in den letzten Jahren gesetzt hat. Demnach soll etwa Österreich seinen Anteil Erneuerbarer Energieträger am Stromverbrauch bis zum Jahr 2010 auf 78,1 Prozent erhöhen; das Gesetz wurde bei uns mit der so genannten Ökostromverordnung umgesetzt. Auch die Richtlinie zum Energiebinnenmarkt wurde von mir mitgestaltet. Ein Detail, das mir dabei besonders am Herzen lag, wird ab Juli 2004 in Österreich Geltung haben: Ab dann müssen Stromversorger vor ihren Kunden ihren „Einkaufsmix" offen legen. Bis dahin hatte es nicht viel zu bedeuten gehabt, wenn auf der Stromrechnung ein Atomstromanteil von null stand; denn viele Anbieter kauften ein gewisses Quantum an Atomstrom ein und verkauften dieses einfach an die Industriekunden; den „atomstromfreien" Strom gaben sie an die Haushalte weiter und konnten sich so als völlig „sauber" verkaufen. Die neue Vorschrift schiebt dieser Mogelwerbung einen Riegel vor und ermöglicht es dem Bürger, sich für einen wirklich sauberen Anbieter zu entscheiden.

Die nächsten Jahre entscheiden über Europas Energiezukunft. Alles wird davon abhängen, ob man die politischen Rahmenbedingungen zustande bringt, die es erlauben, das europäische Energiesystem auf ein neues Fundament zu stellen. Energie aus Sonne, Wasser, Wind und Biomasse ist die einzige Alternative zur atomaren Bedrohung, zum drohenden Klimakollaps und dem bevorstehenden Ressourcenmangel. Mit der Erweiterung werden die Widerstände dagegen härter denn je. Die Devise lautet daher: Viel erreicht, noch viel zu tun.

Die EU sprengt Grenzen – und sich selbst gleich mit

Manchmal hat man das Gefühl, am Steuer der europäischen Einigung sitzen Leute, die um jeden Preis eines herbeiführen wollen: den großen Crash. Dieselben Kommissare, die zugeben, dass die Kostenfrage bei der Osterweiterung nicht gelöst ist und die große Katastrophe durchaus im Bereich des Möglichen liegt, planen schon eifrig ein nächstes Abenteuer. Eines, das noch teurer werden würde als der Beitritt von zehn osteuropäischen Staaten, und noch unberechenbarer: die Aufnahme der Türkei in die EU.

Mut ist etwas Gutes, solange es einen selbst trifft. Auf Kosten anderer nennt man es Verantwortungslosigkeit. Jeder Kleinunternehmer, der finanzielle Wagnisse eingeht, die weit über seinen Horizont gehen, wird zwangsläufig vor dem Richter landen. So genannte „visionäre" Politiker dagegen treten nach Unfugshandlungen ihren „wohlverdienten" Ruhestand an.

„Die Aufnahme der Türkei in die EU ist eine weltgeschichtliche Frage", schreibt Heribert Prantl in der Süddeutschen Zeitung vom 18. November 2003. „Es geht darum, was und wie Europa

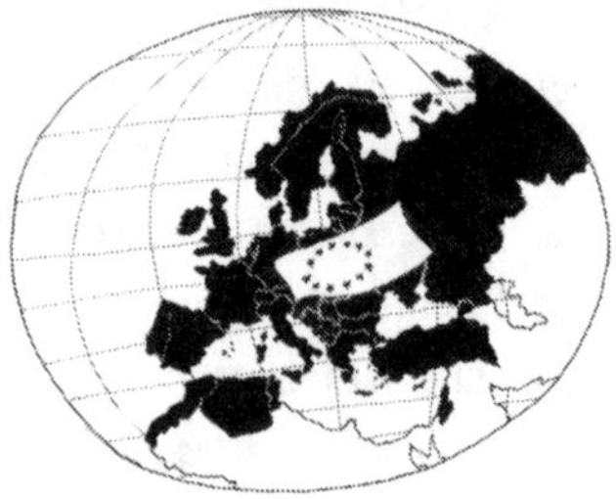

Die EU im Jahr 2025

Die EU im Jahr 2050

sein wird.“ Die ideologische Frage, ob ein vorwiegend islamisches Land so ohne weiteres in den europäischen Staatenverbund passt, mag man beantworten, wie man will. Es geht nicht nur um „Ideologie“, es geht auch um simplen Realismus. Zusammen mit dem sozialen Sprengstoff bildet der religiös-kulturelle, der durch einen Türkei-Beitritt entsteht, einen Molotow-Cocktail, der die EU binnen weniger Jahre in die Luft sprengen kann.

Die Türkei hat derzeit über 66 Millionen Einwohner; das entspricht rund einem Sechstel der gesamten gegenwärtigen EU-Bevölkerung. Mit einer Fläche von knapp 780.000 km^2 wäre sie das bei weitem größte EU-Land. Auf der anderen Seite erreicht das Pro-Kopf-Einkommen der Türken zurzeit nicht einmal ein Drittel des EU-Durchschnitts. Eine Studie des Münchner Europa-Instituts, die Anfang März 2004 veröffentlicht wurde, zeigt: Ein EU-Beitritt der Türkei käme bei derzeitigem EU-Recht teurer als die gesamte Osterweiterung. Nettotransfers von bis zu 14 Milliarden Euro jährlich wären die Folge. Um die Kosten herabzusetzen, gibt es wie für die Osterweiterung nur ein Mittel: die europäischen Agrar- und Regionalförderungen völlig umzukrempeln. Gegen den Klassen- und Staatenkampf, der damit droht, wäre die bisherige innereuropäische Politik ein Streichelzoo.
Aber selbst wenn die EU an der Eingliederung der Türkei, die ihr den Irak und den Iran, Syrien, Armenien und Georgien als Nachbarn bescheren würde, nicht zerbricht: Sie wird sich damit dennoch selbst abschaffen. In jedem Fall nämlich entstünde dadurch ein völlig neues Gebilde, das mit jener Europäischen Union, der wir 1995 beigetreten sind und die wir heute kennen,

nicht mehr viel zu tun hätte. Schon jetzt ist es schwer genug, sich auf eine gemeinsame „europäische“ Identität und Vergangenheit zu berufen. Wenn die Türkei beitritt, ist das der endgültige Beweis für etwas, was viele schon lange befürchtet haben: Europa ist ein willkürlicher und wurzelloser Wirtschafts- und Machtraum.

Ist die Entscheidung schon gefallen?

Hat die „Europäische Einigung“ eine Eigendynamik, die die Eurokraten hilflos hinterher- und damit die europäische Demokratie durch den Kakao zieht? Oder hat der Wahnsinn Methode? Tatsache ist: Wenn anstehende Entscheidungen dazu in die Öffentlichkeit getragen werden, ist es grundsätzlich fünf Minuten nach zwölf. Die EU steht in Sachen Türkei längst unter Zugzwang. Schon 1964 hat man einen so genannten Assoziationsvertrag mit der Türkei abgeschlossen, der einen späteren Beitritt erleichtern soll. 1987 gab das Land sein offizielles Beitrittsgesuch ab. 1997 wurde es zur Europakonferenz eingeladen, wo sich die EU-Staaten sowie „diejenigen europäischen Staaten zusammenfinden, die für einen Beitritt in Frage kommen“. Und zwei Jahre später wurde die Türkei offiziell Beitrittskandidat. Seitdem gilt: Erfüllt die Türkei die 1993 festgesetzten Beitrittsbedingungen, folgen „automatisch“ die Beitrittsverhandlungen – und mit an Sicherheit grenzender Wahrscheinlichkeit auch der Beitritt. Der deutsche Bundeskanzler Gerhard Schröder hat im Frühjahr 2004 bereits gegenüber dem türkischen Ministerpräsidenten Erdogan bekräftigt: „Die EU muss zu ihrem gegebenen Wort stehen.“ Auch die Ankündigung der Staats- und Regierungschefs, Ende 2004 über den Start von Beitrittsverhandlungen zu entscheiden, ist nicht mehr rückgängig zu machen.
Im Februar 2004 verkündete Erweiterungskommissar Günter Verheugen: Die Reformen in der Türkei seien „kurz vor einem Punkt, an dem sie nicht mehr rückholbar sind“ – will heißen, die EU kann die Türkei dann nicht länger abweisen. Statt sich aber zumindest um „Schadensbegrenzung“ zu bemühen, tut die Kommission das Gegenteil. Sie kann die Umsetzung der Reformbedingungen in der Türkei strenger oder laxer beurteilen und damit die Verhandlungen hinauszögern. Was geschieht? Verheugens Kommentare zu

den Fortschritten der Türkei fielen im letzten Jahr mit jedem Monat positiver aus – obwohl sich an den politischen Zuständen in der Zwischenzeit kaum etwas geändert hatte.
Zwar gibt es strenge Beitrittskriterien, die die Türkei zu erfüllen hat. Aber die Erfahrungen mit der Osterweiterung haben gezeigt: Kommt der Prophet nicht zum Berg, dann kommt der Berg zum Propheten. Erfüllt ein Beitrittsland die Anforderungen nicht, werden notfalls eben die Normen selbst angepasst oder milder ausgelegt. Die so genannten „Fortschrittsberichte", die von der Kommission in Abständen vorgelegt werden, arbeiten außerdem je nach Bedarf mit einer Palette von „Schönheitsoperationen", die von Verniedlichung bis Verfälschung von Daten und Fakten reichen. Dass die Kommission vor unlauteren Methoden nicht zurückschreckt, zeigt das Beispiel eines Berichts über die Lage in der Slowakei, den der Erweiterungskommissar 2001 vorlegte. Darin wurde ein Rechnungshofbericht aus der slowakischen Hauptstadt zitiert, der „zu dem Schluss" komme, es gebe „keinen Beweis von Betrug und Missbrauch" in Zusammenhang mit der Verwendung von EU-Geldern. Tatsächlich hatte der Bericht aber genau das Gegenteil ergeben und auf zahlreiche Unregelmäßigkeiten hingewiesen.

Die Türkei als Wahlgrund

Und was tut bei alledem das Parlament? Um es krass zu formulieren: Es schaut zu und stimmt zu. Schon 1999 wurden im Rat die entscheidenden Weichen gestellt; und das Parlament durfte dazu lediglich in Form einer unverbindlichen Entschließung seine Meinung beisteuern. Darin wurde übrigens unter anderem dafür plädiert, der Türkei „deutliche Aussichten auf die EU-Mitgliedschaft" zu vermitteln. Die österreichischen EU-Mandatare sämtlicher Couleurs stimmten damals ausnahmsweise geschlossen dagegen.
Wirklich etwas mitzureden hat das Parlament wie im Fall der Osterweiterung erst in der allerletzten Minute: dann nämlich, wenn es darum geht, den Beitritt formell abzusegnen. Das heißt, das Parlament darf erst dann „mitentscheiden", wenn es unter Zugzwang steht und mit seinem Nein immensen politischen Schaden anrichten würde. Und selbst wenn es sich trotzdem

dazu aufraffen würde: Dann würde dasselbe geschehen, was in Irland passierte, als die Bevölkerung gegen die Erweiterung stimmte. Die Aufsässigen werden einfach ein paar Monate lang weich gekocht, und danach wird die Abstimmung wiederholt.
Wenn das Parlament ohnehin nichts bewirken kann, lautet eine berechtigte Frage, warum wird die Türkei dann in den EU-Wahlen zum Wahlkampfthema gemacht? Die ehrliche Antwort auf die Frage lautet: Die Türkei ist nicht deswegen ein Grund, zu den Urnen zu gehen, weil der Wähler damit etwas bewegen kann, sondern gerade weil er es nicht kann! Jede Stimme bei den EU-Wahlen ist eine Proteststimme gegen die vordemokratischen Methoden von Rat und Kommission, indem sie Position und Legitimität des Parlaments stärkt. Und nur das Parlament kann auf Dauer durchsetzen, dass die wichtigsten strategischen und politischen Fragen nicht mehr unter Ausschluss der Bevölkerung gelöst werden.

Wird Europa doch noch demokratisch?

Europa bekommt eine Verfassung. Statt der vielen bisherigen Verträge wird es eine für die ganze Union geltende Rechtsgrundlage geben. Für dieses Unternehmen hat man mehrere Gründe angegeben: Erstens wollte man die vielen komplizierten EU-Verträge in einfacher und klarer Form zusammenfassen. Zweitens wollte man sicherstellen, dass die erweiterte Union mit 25 und bald vielleicht schon mehr Mitgliedern handlungsfähig bleibt. Drittens schließlich sollte die Union „demokratischer", „transparenter" und „bürgernäher" werden.
Allein die Entstehung der Verfassung unterscheidet sich von jener der EU-Verträge radikal. Nicht die Regierungen verhandelten und feilschten monatelang im Geheimen unter sich. Erstmals in der Geschichte der EU gab es eine Versammlung, die in aller Öffentlichkeit tagte: den Europäischen Konvent. Er bestand aus 105 Köpfen: Vertretern der Regierungen, der nationalen Parlamente, des Europäischen Parlaments und Mitgliedern der Europäischen Kommission.
Ganz so demokratisch war der Konvent dennoch nicht. Das beginnt schon bei seiner Zusammensetzung: Der Frauenanteil

betrug nicht einmal ein Fünftel, das Durchschnittsalter lag bei 54. Den Vorsitzenden, den 77-jährigen ehemaligen französischen Staatspräsidenten Valéry Giscard d'Estaing, nannte man scherzhaft „Mr. Destiny" („Herr Schicksal"), manche sogar „Macchiavelli". Selbst wenn sich die überwiegende Mehrheit in einer Frage einig war, hinderte ihn das nicht, ein paar Tage später einen völlig anderen Vorschlag zu unterbreiten. Den brisanten Entwurf über die Reform der Institutionen spielte er den Medien zu, bevor die Konventsmitglieder ihn überhaupt zu Gesicht bekamen. Und um in der Endphase Neuverhandlungen zu sensiblen Politikbereichen zu verhindern, entwarf er schließlich sogar einen Plan, die entscheidenden Schlussberatungen ohne die „störenden" Konventsmitglieder abzuhalten. Mit lächerlichen „Diskussionskreisen" solle den Mitgliedern, so ein Brief des Präsidiums, der „Eindruck" vermittelt werden, „sie könnten noch einen Beitrag zur Schlussfassung ... leisten". Zu alledem beschwerte sich Giscard d'Estaing über das „schlechte Benehmen" einiger Vertreter der Beitrittsländer beim Konvent: „Wenn du jemanden einlädst, erwartest du dir nicht, dass sie in deinen Laden herumschnüffeln", beschwerte er sich. Hatten die Betreffenden spioniert? Nein; sie hatten sich nur erlaubt, sich selbstbewusst in die Diskussion einzubringen.

Das totgeschwiegene Referendum

Trotz alledem hat die EU mit der Konventsmethode einen neuen Weg eingeschlagen, der der Verfassung eine viel größere demokratische Legitimation gibt als den früheren EU-Verträgen. Aber man ist den Weg nicht konsequent zu Ende gegangen. Am Ende hätte eine europaweite Volksabstimmung stehen müssen: Jeder Bürger und jede Bürgerin hätte entscheiden sollen, ob er/sie mit dem Text, der, wie immer wieder versichert wurde, für sie und ihn geschrieben wurde, einverstanden ist. Aber dazu waren die EU-Spitzen dann doch nicht mutig genug. Zwar unterschrieb ein großer Teil der Konventsmitglieder ein Forderungspapier für ein europaweites Referendum; aber nicht zuletzt die europäischen Regierungen boykottierten diese Möglichkeit. In Österreich etwa fürchtete man auch, dass das Ja oder Nein zur Verfassung zu einer Frage über Ja oder Nein zur Atomenergie werden könnte. Denn indem der

EURATOM-Vertrag der Verfassung praktisch unverändert als Protokoll beigefügt ist, gilt die skandalöse und wettbewerbswidrige Förderung der Atomenergie in der EU weiterhin.
Nur in einzelnen Mitgliedstaaten wird es ein Referendum zur EU-Verfassung geben – so etwa in Großbritannien. Ein Nein der Briten könnte das Ende der Verfassung oder auch den Austritt Englands aus der EU bedeuten.

DIE SMS-VERFASSUNG

Der französische EU-Parlamentarier William Abitbol hat den ersten Teil der Europäischen Verfassung in die SMS-Sprache übersetzt. Mit diesem verkürzten Text hofft er, die jüngeren Europäer für die Verfassung zu begeistern ...

Demokratische Pluspunkte

Im Einzelnen bringt die Verfassung zweifellos etliche Verbesserungen für die europäische Demokratie. Der Ministerrat wird künftig öffentlich tagen. Das Europäische Parlament wird nicht mehr wie bisher in 34, sondern in 70 Bereichen gleichberechtigt mit dem Rat Entscheidungen treffen – unter anderem über die Agrarausgaben, die bisher seiner Kompetenz entzogen waren. Außerdem wählt das Parlament den Kommissionspräsidenten, der bislang von den Staats- und Regierungschefs hinter verschlossenen Türen ausgehandelt wurde; damit haben auch die Bürger Einfluss darauf, wer an der Spitze der Kommission steht. Zudem wird ein Europäisches Bürgerbegehren eingeführt: Mindestens eine Million Bürger „aus einer erheblichen Zahl von Mitgliedstaaten“ können künftig die Kommission auffordern, einen Gesetzesvorschlag zu unterbreiten. Auch die nationalen Parlamente werden stärker in die EU eingebunden: Sie erhalten in Zukunft von der Kommission und dem Ministerrat alle Dokumente gleichzeitig mit dem Europäischen Parlament und können sich so rechtzeitig in die Diskussion einbringen. Außerdem bekommen sie ein Klagerecht gegen EU-Entscheidungen vor dem Europäischen Gerichtshof in Fällen, wo sie eine Kompetenzüberschreitung der EU befürchten. Und schließlich wird die Charta der Grundrechte in die EU-Verfassung aufgenommen.

Damit schließt sich eine Lücke; denn bisher gab es keine absolute Garantie dafür, dass die EU die auf nationaler Ebene verankerten Grundrechte und die Europäische Menschenrechtskonvention respektiert.

DIE AUSTRITTSKLAUSEL

Eine der von Bürgern am häufigsten gestellten Fragen zur EU lautet: Kann ein Land aus der EU austreten, und wenn, wie?
Bisher durfte ein EU-Land seine Mitgliedschaft nicht einseitig aufheben. Dafür war eine einstimmige Entscheidung aller Unionsstaaten erforderlich. Einzige Ausnahme: eine grundlegende Veränderung der beim Vertragsschluss gegebenen Umstände und somit der „Wegfall der Geschäftsgrundlage".
In der neuen EU-Verfassung dagegen gibt es eine Austrittsklausel. Darin heißt es: „Jeder Mitgliedstaat kann gemäß seinen internen Verfassungsvorschriften beschließen, aus der Europäischen Union auszutreten." In diesem Fall teilt das betreffende Land dem Europäischen Rat seine Absicht mit; die Union handelt daraufhin mit diesem Staat ein Abkommen über die Modalitäten des Austritts aus; dieses wird nach Zustimmung des Europäischen Parlaments vom Ministerrat mit qualifizierter Mehrheit beschlossen. Der austretende Mitgliedstaat ist allerdings sowohl von den Beratungen als auch von der Beschlussfassung ausgeschlossen.

Auf dem Weg zum Bundesstaat?

Und dennoch: Begeisterung ist trotz des demokratischen „Mehrwerts", den die Verfassung bringt, fehl am Platz. Ein Aspekt nämlich wird dem Bürger gegenüber einfach unter den Tisch gekehrt. Derzeit ist die EU ein Staatenbund auf der Grundlage eines Vertrages. Als Bundesstaat hingegen müsste sich die EU auf eine Verfassung stützen, die gemeinsame Grundrechte enthält und vom Verfassungsgerichtshof in Luxemburg einheitlich ausgelegt wird. Damit kann die neue Verfassung auch als großer Schritt hin zu einem EU-Staat gesehen werden. Kein europäischer Bürger wurde gefragt, ob er mit dieser Entwicklung einverstanden ist.

DANKSAGUNG

Mein Dank gilt Anne-Catherine Simon, ohne die dieses Buch nicht zustande gekommen wäre; Johanna Czech, die uns bei der Arbeit standhaft den Rücken freihielt; Eva Haubner, die stets mit Rat, Tat und Text zur Stelle war; Lydia Köck, die knifflige Fragen im Handumdrehen zu lösen vermochte; Hartwig Hufnagl, der seine Fantasie spielen ließ; und schließlich meiner langjährigen Assistentin Gerhild Hofer, deren Sammlung von Kuriosem und Brisantem eine der Grundlagen für dieses Buch geliefert hat.

EUROPA-LINKS

Institutionen:

Die Europäische Union online
http://www.europa.eu.int

Informationsbüro des Europäischen Parlaments in Österreich
http://www.europarl.at

Vertretung der Europäischen Kommission in Österreich
http://www.europa.eu.int/austria

Europäisches Parlament
http://www.europarl.eu.int

Rat der Europäischen Union
http://ue.eu.int

Europäische Kommission
http://www.europa.eu.int/comm

Europäischer Bürgerbeauftragter
http://www.euro-ombudsman.eu.int

Gerichtshof der Europäischen Gemeinschaften
http://curia.eu.int

Zugang zu Dokumenten:

EUR-Lex – Das Recht der Europäischen Union
http://www.europa.eu.int/eur-lex/de

Weitere Tipps:

Informationsseite zu Europa
http://www.europa-digital.de

Diskussionsforum zur Zukunft der Europäischen Union
http://www.europa.eu.int/futurum/index_de

http://www.kronberger.net